AF267955

L'ANTI-COTTU.

SAINT-DENIS. — IMPRIMERIE DE CONSTANT-CHANTPIE.

L'ANTI-COTTU,

OU

LA FRANCE CONSTITUTIONNELLE,

DÉFENDUE CONTRE SES ACCUSATEURS,

PAR BOCQUET,

ANCIEN CHEF D'INSTITUTION DE L'ACADÉMIE DE PARIS,

Et depuis sa disgrâce, en Français libéral,
Partout cherchant le bien, et combattant le mal.

Confirma hoc Deus quod operatus es in nobis.

Confirmez, ô Seigneur, notre Dieu, ce que vous avez fait en nous : la salutaire résolution de sauver le Roi et la France par la Charte.

AVEC LA PROCLAMATION DU ROI, LA RÉPONSE D'UN DE SES ENFANS ET LA REQUÊTE A S. A. R. MONSEIGNEUR LE DAUPHIN AU SUJET DE CETTE PROCLAMATION.

A PARIS,

AU CABINET DE L'AUTEUR, CHEZ M. BRIOUDE,

MARCHAND POÊLIER-FUMISTE, RUE DE LANCRY, N° 31.

ET LEROSEY, LIBRAIRE,

PALAIS-ROYAL, GALERIE NEUVE, PRÈS LE CAFÉ D'ORLÉANS.

1830.

A TOUS LES ÉLECTEURS CONSTITUTIONNELS.

MESSIEURS,

Dans la circonstance actuelle que l'on regarde généralement comme difficile et même critique, tous les citoyens, qui joignent le courage à l'instruction, vous doivent le tribut des lumières qu'ils peuvent répandre sur l'importante question de la stabilité du trône et du bonheur de la France. Après une pénible incertitude qui éloignait sa solution en rendant notre situation plus précaire, elle vient d'être simplifiée par l'ordonnance de Sa Majesté qui fait un appel à votre dévouement et à votre patriotisme, pour que vous décidiez si vos mandataires connaissaient, mieux que ses Conseillers, les moyens de servir sa sollicitude pour son peuple, en calmant toutes les inquiétudes et en pourvoyant à tous les besoins.

Permettez, Messieurs, qu'après avoir long-temps médité le dessein de faire connaître les principales causes du mal qui nous tourmente, et le remède, aussi doux qu'efficace, que l'on peut y apporter, je vous soumette le résultat de mes recherches, et que je vous prie d'accepter le fruit de mes réflexions et du travail auquel je me suis livré pour payer ma part de la dette que nous contractons tous, en naissant, envers notre mère commune.

La Réfutation, que j'ai l'honneur de vous dédier, de tous les raisonnemens plus ou moins pitoyables, et quelquefois coupables que l'on oppose aux généreuses intentions de Sa Majesté, au zèle de ses vrais serviteurs et au bonheur de tous ses sujets, ne devait paraître qu'à la suite du premier volume de l'ouvrage du bonheur *Omnibus* qui est comme la partie *matérielle* de la prospérité de de notre pays. Ses premières feuilles étaient sous presse, lorsque l'ordonnance de dissolution a paru ; et cet incident, dans la cause publique, m'a déterminé à faire paraître en même temps les deux premiers chapitres qui, dans chaque ouvrage, ont un rapport direct aux élections, comme pouvant physiquement et moralement exercer sur elles une influence favorable à la sollicitude du Monarque et aux espérances de tous ses enfans, du moins de ceux qui, en le regardant comme leur père, ne lui présentent pas comme louables et légitimes, des mesures qui tendent à troubler sa grande famille. C'est pourquoi j'ai tâché de démontrer, par l'exposé de ces mesures et de leurs dangereuses conséquences que j'ai établies, à tous les électeurs de bonne foi, et tous les constitutionnels ont de la droiture et du bons sens, la nécessité de se rendre au poste d'honneur et de s'y unir pour le salut public : cette union démentira les sinistres conjectures, trompera les folles ou coupables espérances, et réprimera les funestes résolutions des adversaires des libertés publiques et des idées *libérales*, en employant toujours ce dernier mot dans son *acception française*, de faire des heureux, et de l'être par la pratique des vertus qui les accompagnent ou plutôt qui les donnent.

J'ai pensé, Messieurs, que pour vous faire apprécier

le mérite de cette influence, eu égard à la crise que vos adversaires ont préparée et qu'elle doit prévenir, il était aussi urgent qu'important de vous faire connaître leurs secrètes pensées, qu'un homme d'une ardente imagination a rendues patentes et pour ainsi dire *flagrantes*, afin que leur absurdité ou leur malice vous apparaissant sous tous les aspects et dans toute leur *nudité*, la peine naturelle et salutaire, pour ne pas dire l'indignation que vous en concevrez, ne vous présente d'autre voie de salut que celle de la réélection des honorables députés qu'ils ont dénoncés à l'Europe entière, comme les ennemis de l'autorité royale, tandis qu'ils s'en sont montrés les plus fermes appuis, en s'efforçant d'établir solidement son empire sur l'amour et la reconnaissance du peuple. La même malédiction qu'on a voulu appeler sur leurs têtes, parce qu'on les a trouvés trop fidèles et trop dévoués, n'en doutez pas, dignes Électeurs, ils la tiennent suspendue sur les vôtres. Vous n'échapperiez pas aux nouvelles catégories dans lesquelles on tient en *réserve* la punition de votre dévouement éclairé pour votre Roi et de votre attachement aux institutions de votre pays. La cause de vos mandataires est la vôtre; leur gloire et leurs dangers sont les vôtres, puisqu'on vous enveloppe, vous et eux, dans une commune accusation. On met leurs noms à l'index; vous, dont le nombre est imposant, on vous signale par classe, par profession.

Lisez et relisez, je vous en conjure, les pages *virulentes* qui vous constituent en état d'accusation, pour vous pénétrer de la gravité des circonstances et de l'affliction qui vous attend si vous montrez de l'insouciance ou de la faiblesse. J'ai dû choisir, entre les écrits de vos adversaires, le plus dangereux pour la chose publique, à cause du rang de son auteur, qui ne semble regarder l'honneur d'être assis sur les lis, que pour vous inquiéter en vous accusant, sans doute pour vous inspirer des craintes, afin d'assurer vos suffrages aux adversaires de la cause du bien public et particulier. Au *nunc Reges intelligite* qu'ils répètent *tous* avec lui, répondez *tous* avec un *fermier* que son *gros propriétaire* menaçait, le 30 mai dernier, des baïonnettes étrangères s'il ne votait pas dans le sens ministériel : « *L'honneur et la patrie avant tout; voter dans votre sens, c'est, selon la majeure partie des Électeurs et moi, trahir le Roi et la France, nous leur resterons fidèles; nous sommes prêts à de nouveaux sacrifices.* » Opposez à toutes ses menaces, avec le calme d'une bonne conscience, la ferme résolution de remplir vos devoirs d'homme et de citoyen, les accusateurs confus garderont le silence; et les accusations, les menaces, les dangers s'évanouiront devant votre zèle, votre modération et votre constance.

Je dois vous dire, à ce sujet, que vous devez tous repousser la supposition que le Roi, après avoir ordonné votre réunion, souffrît qu'on songeât à vous punir d'avoir répondu *consciencieusement* à sa confiance.

C'est alors que la restauration et la légitimité prises, comme les idées *libérales*, dans leur véritable *acception*, les appelleront au grand œuvre de la *restauration* morale et physique de la France; c'est alors que tous les ministres de la religion lui rendront tout son éclat par de bons exemples et un noble désintéressement; que tous les agens de l'autorité trouveront dans l'accomplissement de leurs devoirs, comme *lieutenans de roi* ou magistrats, et comme citoyens, le moyen d'être respectés en faisant bénir le nom de Sa Majesté; c'est alors enfin que, dans tous les rangs, il n'y aura en France qu'une vanité, ou plutôt, selon saint Paul, l'apôtre des vrais *libéraux*, qu'une belle et louable passion, celle de glorifier le Roi en restaurant et révivifiant la France.

Si mon assurance positive était démentie par les événemens, si mes espérances étaient déçues, déjà victime de la mauvaise foi et de la plus criante injustice; en butte, pour m'être élevé contre elles, à ces haines, selon M. Cottu, jeunes et remplies de sève, j'aurais aussi de nouveaux dangers à courir. Je les envisagerai de même que le digne Électeur que je viens de vous présenter pour modèle, et je dirais avec lui : « Accoutumé à faire des sacrifices, aucun ne me coûtera; et si le plus grand, celui de sa personne, suffisait pour fermer l'abîme, le seul que nous ayons à redouter et qu'un Conseiller aide à creuser sous nos pas, cette personne se serait bientôt présentée. »

C'est en manifestant de semblables sentimens, qui sont les vôtres, Messieurs, que tous les bons Français prouveront à l'*Europe entière* qui nous contemple, que notre pays a, dans toutes les classes de ses habitans, et particulièrement dans la classe moyenne, un bon nombre d'hommes de bien et de résolution qu'il peut montrer à ses amis et à ses ennemis.

J'ai l'honneur d'être, avec l'estime et la considération qui vous appartiennent et qu'il vous est *toujours* permis de réclamer, alors surtout que vous touchez au moment d'employer, pour l'honneur de la Couronne et la conservation de la Charte, le pouvoir dont elle vous a investis,

MESSIEURS,

Votre très-dévoué serviteur et compatriote,

BOCQUET.

Paris, le 1er Juin 1830.

L'ANTI-COTTU.

Nous avons trois moyens de sortir d'une crise ;
Un seul se développe avec toute franchise :
Le travail; chaque jour, il offre ses produits....
Pour qu'une monarchie en recueille les fruits.
Il faut que *la prudence*, en aidant *l'équité*,
Du peuple qui travaille aide l'activité.
Pour un Roi, cette tâche est d'autant plus facile,
Que son peuple est instruit, généreux et docile.
On donne, sur ce point, *la palme* à nos Français ;
Et toujours leur bonheur éprouve des délais !.....

DU

SEUL MOYEN

DE

De sortir de la crise actuelle.

Et erit opus justitiæ pax.
M. COTTU.

DES

TROIS MOYENS

DE

Sortir de la crise actuelle :

LE TRAVAIL, LA PRUDENCE ET L'ÉQUITÉ.

Et erit opus Regio justitjæ, et sapientiæ pax.
BOCQUET.

CHAPITRE PREMIER.

*Des conséquences avouées des
doctrines dites* **libérales.**

LE plus grand malheur qui puisse arriver à une nation, c'est d'être imbue d'opinions politiques contraires au principe de son gouvernement; et ce malheur est

CHAPITRE PREMIER.

Des conséquences des **vraies doctrines
libérales.**

Nous sommes donc réduits à le proclamer avec M. Cottu : « La France est aujourd'hui dans une déplorable situation; » et il n'est que trop raisonnable de s'écrier : « Ah ! malheureux pays ! » Mais la plus grande partie des Français ont une opinion bien différente de la cause

d'autaut plus grand , qu'elle a elle-même une participation plus directe à l'administration des affaires publiques. Un pareil état de choses ne peut manquer d'amener un bouleversement général et prochain ; et ce ne peut être sans les plus vives alarmes qu'on se voit forcé de reconnaître que telle est aujourd'hui la déplorable situation de la France.

Une secte existe dans son sein, ennemie de tout pouvoir en général, et principalement du pouvoir royal. Ambitieuse de détruire, elle ne renferme pas ses doctrines désorganisatrices dans l'enceinte étroite des écoles, elle s'efforce de les inculquer dans le peuple et de les mettre en action. Que veut-elle? où prétend-elle aller? elle l'ignore. Quelques-uns de ceux qui la dirigent secrètement , ont bien un but particulier qu'ils commencent à désigner; mais la masse des sectaires ne songent encore qu'à ébranler la foi des

de son malheur. La première, c'est que la nation française, parce qu'elle est *libérale*, c'est-à-dire qu'elle allie la justice à l'instruction , participe peu à l'administration des affaires publiques ; et une des principales entre les autres, c'est que le principe de son gouvernement, lui-même essentiellement *libéral*, est aujourd'hui méconnu ; alors la confusion des choses doit suivre la confusion des principes.

Ah! quelle triste, mais opportune vérité! Loyaux Français, hâtons-nous d'en prendre note; oui, une secte existe au cœur du royaume, ennemie de tout pouvoir qui n'est pas le sien, et conséquemment du pouvoir royal, si elle ne le tourne à son profit; ennemie née de l'autorité généreuse et légale, elle a envahi nos chaires ou nos écoles, pour se faire de puissans auxiliaires du génie et du talent, afin d'attirer tout à elle. Elle prétend nous asservir; elle va droit au pouvoir absolu; et quand la masse de ses sectaires ne fait que lui obéir aveuglément en sappant nos institutions, ses chefs se préparent en secret à établir leur domination sur leurs ruines.

peuples dans leurs institutions, sans s'inquiéter de ce qu'ils feront des ruines.

Cette secte n'a point de principes fixes qui servent de base à ses théories ; elle les prétend écrites en caractères ineffaçables dans la raison de l'homme. Aussi n'est-il pas d'erreurs qu'elle n'ait professées ; et ses écrits deviendront-ils un jour le livre le plus propre à instruire nos neveux du désordre général qui régnait dans les esprits aux premiers temps de la restauration. Ils y verront jusqu'où a été poussée la haine de la royauté, et jusqu'où peuvent s'égarer les esprits les plus graves et les plus cultivés, lorsque, méconnaissant les nécessités sociales, ils s'obstinent à ne prendre pour guides de leurs opinions politiques que ce qu'ils appellent *la justice et la vérité,* ou *les règles indiquées par la nature de l'homme.*

Qu'est-ce en effet, que la justice et la vérité ? et

Quel abus du raisonnement et des principes ! Si M. Cottu n'avait pas signalé précédemment *la dangereuse influence* des chefs du parti que je dois aussi signaler, on le prendrait pour un des sectaires les plus ardens; leurs principes sont les siens. Avant lui, ils ont accusé « les esprits les plus graves et les plus cultivés de méconnaître les nécessités sociales, » lorsque, au contraire, ils les ont établies en demandant, pour le maintien et le bien-être de la société, un gouvernement fondé sur *la justice,* véritables bases du bonheur social. Il leur était bien permis, à l'époque de la restauration, de demander ces bases pour garantie de la prospérité de la France, quand ils voyaient agiter toutes les funestes questions dont la secte essaie aujourd'hui la solution. Ses efforts actuels pour détruire, avec la Charte, jusqu'à l'ombre de cette garantie, augmentent le mérite de leur prévoyance et de ce qu'on appelle leur obstination à maintenir *les règles indiquées par la nature de l'homme.*

La justice et la vérité éloignent des exagérations et des extravagan-

dans combien d'exagérations et d'extravagances ne doit-on pas tomber, lorsque l'on cherche les principes de la société dans de pareilles abstractions !...

Dans un systême politique, semblable à celui que M. l'abbé de la Mennais a si magnifiquement développé dans son dernier ouvrage, on conçoit ce que c'est que la justice et la vérité : c'est l'accomplissement de la loi de Dieu, manifestée suivant les besoins successifs de la société, par le vicaire qu'il s'est choisi sur la terre, et qu'il a doué d'infaillibilité. Mais dans un systême de gouvernement purement humain, que peut-on entendre par la justice et la vérité ? Où trouver ces prétendues règles indiquée par la nature de l'homme ? La justice et la vérité de M. de Broglie et de M. de Saint-Aulaire, peuvent-elles être la justice et la vérité de cette foule de démagogues, que la révolution a sou-

ces ; de même que la nature de l'homme éloigné de l'oppression et des exclusions. Jamais ce qui est juste et vrai, ne sera regardé comme une abstraction par les hommes justes et sincères ; et M. Cottu, que je crois de ce nombre, est évidemment dans l'erreur.

M. de La Mennais y est également, nonobstant la magnificence de son ouvrage, s'il appuye son systême politique sur la justice et la vérité, soutenues par l'infaillibilité d'un vicaire de Dieu sur la terre. Je connais une église, mais pas de vicaire infaillible ; et la véritable loi de Dieu, c'est l'Evangile son plus magnifique et en même temps son plus gracieux don ; ses préceptes nous apprennent que la justice et la vérité, qui sont aussi les attributs de ses enfans, semblent comme leur tendre la main, pour qu'ils soient libres et heureux ici bas ; et que les rois et les vicaires, ses élus, doivent s'appliquer à montrer leur déférence pour leur divin électeur, en employant leur autorité pour le bonheur et la liberté du monde. Tels sont les principes de MM. de Broglie et de Saint-Aulaire, et de cette foule de chrétiens, vrais *libéraux* et non démagogues, qui redoutent à la fois et la *fange* et les révolutions.

levés de la fange où ils étaient cachés ?

Aussi voyez, sur toutes les questions qui divisent aujourd'hui les esprits, quelle diversité d'opinions entre les doctrinaires les plus éclairés! M. de Broglie paraît pencher pour l'abolition de la peine de mort ; un autre pair non moins illustre par la hauteur et la générosité de ses vues politiques, est persuadé, au contraire, que ce serait exposer la société à une ruine certaine, que d'affranchir les malfaiteurs de la crainte de cette peine. Je le demande, de quel côté sont la justice et la vérité ?

M. Royer-Collard n'a pas les mêmes opinions que MM. Pasquier et Siméon sur les restrictions qui devraient être apposées au droit électoral ; ni M. Mounier, les mêmes opinions que M. Benjamin Constant sur le meilleur mode de nomination des membres des conseils généraux de département. Je le demande encore : de quel côté sont la justice et la vérité ?

Que M. Cottu veuille bien me permettre de lui demander : s'il croit servir la vérité et la justice, en donnant pour un de ses moyens de cause, la diversité d'opinions entre ceux qu'il semble désigner comme ses adversaires! Si la question qu'il présente, et qui est étrangère à son sujet, était agitée devant lui, en audience solennelle, pourrait-il, en présence des conseillers ses collègues, soulever celle de la justice et de la vérité, en réfutant les opinions contraires à la sienne? S'il le pouvait, le devrait-il? Sa conscience sera pour la négative, parce qu'il sait que la vérité et la justice immuables et éternelles, peuvent éclairer tous les hommes dont on a dit, avant nous : *tot homines, tot mentes*.

Puisqu'il croit devoir renouveller sa demande, je dois lui répondre que la justice et la vérité peuvent être des deux côtés, lorsque des antagonistes discutent de bonne foi, et avec les lumières de la raison, les questions qui leur sont soumises ou qu'ils sont appelés à soumettre à des personnes d'un rang plus élevé. M. Cottu opposerait certainement, le droit et la raison à un adversaire qui, sur ce sujet, élèverait le moindre doute à son égard, en combattant son opinion!

Considérées sous le point de vue purement politique, la justice et la vérité sont deux mots vides de sens. Il n'y a, en matière de gouvernement, ni justice, ni vérité absolues ; et toute mesure est toujours *juste*, comme tout principe est toujours *vrai*, quand ils sont conformes à l'ordre établi, et qu'ils tendent à le maintenir ; il est, je pense, inutile de dire que par l'ordre établi, j'entends un gouvernement, dans lequel les citoyens trouvent une garantie efficace pour leurs personnes et leurs propriétés.

Qu'y a-t-il, par exemple, de plus injuste en soi, que la prescription ? L'homme, qui n'a pas payé sa dette, ne doit-il pas, au bout de trente ans, aussi bien que le premier jour ? et cependant la prescription, qui le libère, est regardée comme une des plus grands bienfaits de la législation. Les jurisconsultes vont même, dans leur admiration, jusqu'à l'ap-

Pardon, M. Cottu, la politique est aussi subordonnée à la justice et à la vérité ; il n'y a que celle que je regarde comme machiavélique, qui prétende être au-dessus d'elle ; Dieu en préserve mon pays ! Elles doivent toujours être prises dans un sens absolu pour un gouvernement paternel, afin qu'on ne puisse pas lui contester le mérite de ses efforts pour établir ou maintenir l'ordre ; et pour que la garantie, que les citoyens sont en droit d'exiger, se manifeste dans toute sa force, par les dispositions mêmes qu'il doit adopter.

Je suis surpris que M. Cottu, qui désire *l'accomplissement de la loi de Dieu*, oublie que la prescription, surtout en matière de dette, est de droit divin. Une disposition du code d'Israël faisait même rentrer dans sa propriété le débiteur, qui ne pouvait en être privé que pendant un laps de temps ; et trop de juges, sous la nouvelle loi de grâce et de miséricorde, aident de barbares créanciers, non-seulement à dépouiller entièrement leurs débiteurs, mais encore à les priver de leur liberté, souvent même contre la raison et l'équité.

peler *la patrone du genre humain.*

Toute autre manière d'envisager la justice et la vérité, ne peut qu'ouvrir la porte aux théories les plus insensées, et rend toute espèce de gouvernement absolument impossible. C'est ce qui fait que les doctrinaires sont si particulièrement inhabiles au maniement des affaires publiques; ils portent, dans leur caractère, une espèce de candeur qui les empêche de voir par quelles honteuses passions les hommes sont toujours gouvernés. Livrés à une sorte de romantisme politique, à toutes les illusions d'une vaste philantropie, ils se créent une société à eux, une société de gens de bien, où tous les citoyens ne respirent que bienveillance, que désintéressement, qu'amour de la patrie; et où les malfaiteurs eux-mêmes, ne sont plus que des êtres plus impressionnables que les autres, et qui ne doivent inspirer que la pitié.

Quelle belle chose que l'imagination ! comme elle sait employer les couleurs pour obscurcir ou enluminer les personnes et les choses? Voyez comme elle fait presque des anges de ces doctrinaires dont elle nous signalait, il n'y a qu'un instant, la malheureuse tendance à ranimer les *démagogues,* sans s'inquiéter des miasmes délétères qui peuvent sortir de la *fange.* J'aimerais mieux que monsieur Cottu, qui annonce tant de résolution, nous dise franchement que les doctrinaires, avec de la candeur et de la philantropie, ne peuvent convenir à leurs adversaires *toujours gouvernés par leurs honteuses passions;* et que pour nous montrer combien il est pénétré de cette vérité, il se place dans leurs rangs, pour devenir aussi l'exemple de ses semblables. Ce serait du moins la conséquence du bel et juste éloge qu'il fait des Royer-Collard, des Broglie, des Saint-Aulaire, etc. Il ferait croire autrement que c'est consciencieusement qu'il dit qu'un gouvernement peut définir, comme il lui plaît, la vérité et la justice devant des gouvernés toujours livrés à leurs honteuses passions.

Si telle était son intime pensée, il ne verrait plus de justes, d'innocens sur la terre : malheur alors à ses justiciables! C'est dans une aussi triste hypothèse, que le jury est une grande consolation, par l'occasion qu'il présente à quelques doctrinaires *libéraux,* de soutenir un peu les droits sacrés de l'humanité,

BIBLIOTHÈQUE R. F.

Telle est la société imaginaire qu'ils croient avoir à régir. Dans la haute estime qu'ils ont conçue pour elle, à peine pensent-ils qu'elle ait besoin de lois et de magistrats ; et ils s'efforcent d'enlever à toutes les classes supérieures, les seuls moyens qu'elles puissent avoir pour se défendre contre la haine implacable du peuple : la direction exclusive de la puissance publique.

C'est un point aujourd'hui convenu parmi eux, que la Charte ne suffit plus aux besoins de la société, ni aux immenses progrès qu'a faits la raison humaine ; ils ne veulent plus ni royauté, ni privilège d'aucune espèce ; et il n'y a pour eux de gouvernement rationnel, que celui dans lequel tous les pouvoirs sont temporairement délégués par le peuple souverain.

Ces redoutables maximes se répandent dans la nation avec une effroyable rapidité : elles portent l'épouvante par-

C'est un grand malheur qu'un Conseiller, après avoir lui-même imaginé une société passionnée et révolutionnaire, fasse un reproche de l'idée contraire, et accuse ceux qui demandent chaque jour de bonnes lois et de bons Magistrats, de ne vouloir ni des unes ni des autres, et cela pour arriver à la malheureuse conséquence de ses principes ; que cette classe, qui n'a déjà que trop abusé de sa supériorité, ait un champ libre pour les abus et les injustices dans la direction exclusive de la puissance publique : fatal aveu, mais avis salutaire à tous les électeurs !

Voilà encore de dignes fruits de cette conséquence. Pour la confirmer, il faut que l'imagination enfante de nouveaux fantômes : le mépris de la Charte, l'aversion pour la royauté et le privilège, un peuple souverain... Pater libera nos à somniis Cottu !

Oui, des maximes se répandent dans la nation avec rapidité ; mais elles ne sont redoutables que pour ses accusateurs, qui eux-mêmes arrêtés dans leurs sinistres desseins,

mi les gens de bien ; elles enchaînent la résistance entre les mains de l'autorité ; et le moment où elle doivent triompher, paraît déjà si prochain à ceux qui les professent, qu'ils ne craignent pas eux-mêmes de l'annoncer hautement.

Ennemi de toute personnalité, et attentif à écarter de chaque discussion ce qui ne tient pas essentiellement à la décision de la question, j'ai toujours évité avec le plus grand soin, d'établir mes argumens sur les aveux échappés à l'imprudence de mes adversaires ; et j'ai préféré chercher les preuves de mes assertions dans la nature même des choses, c'est-à-dire, dans les effets généraux qui doivent résulter de l'action de certains principes sur les passions des hommes. Mais puisque l'on m'a accusé d'avoir créé, au trône et à la société, des dangers imaginaires et qui n'avaient d'autres fondemens que mes préventions personelles, il

(19)

par cette Charte, la sauve-garde des calomniés, ont *porté l'épouvante* parmi les Français fidèles, en annonçant le ferme propos de l'abolir ; et leur triomphe doit paraître prochain à cette nation qui, en conservant son palladium qui est aussi celui du trône, se rallie autour de lui, pour répondre dignement à l'appel de son Roi.

Je voudrais bien, ici, pouvoir croire, sur la parole du publiciste que je réfute, qu'il est ennemi de toute personnalité ; mais il a fait des citations, et il a appliqué le danger des maximes citées à des doctrinaires qu'il a nommés, et je dois rester dans le doute sur le mérite de sa déclaration. Quant à la réalité des dangers que je persiste à regarder comme imaginaires, nous devons tous suivre avec attention l'exposé qu'il va nous en faire, ne fût-ce que pour lui prouver que nous répondons toujours à un appel fait à la bonne foi, et que nous ne repoussons pas la manifestation de la vérité. Mais je dois lui dire que nous sommes tous étonnés de le voir signaler à la royauté, comme urgens, c'est-à-dire prêts à la renverser, des dangers que nous n'apercevons nulle part ; et c'est aussi un devoir d'ajouter que, s'il en existe, ils sont d'une nature contraire, et suscités par ceux qui nous reprochent d'en entourer le trône.

doit m'être permis de démontrer à ceux qui cherchent la vérité de bonne foi, que ces dangers ne sont que trop réels, et qu'il reste à peine à la royauté le temps de les prévenir.

« Tant que la guerre civile des idées dure encore, dit, dans la *Revue Française*, n° 5, 7 septembre 1828, un jeune auteur connu dans le monde politique par la délicatesse de son esprit et l'étendue de ses connaissances, les opinions semblent toujours aussi divisées que les partis. Il n'en est rien cependant; entre les combattans, il est beaucoup d'idées communes. Celles surtout, qui sont destinées à vaincre, gagnent chaque jour, dans le camp ennemi, et quelquefois on continue de combattre que l'on ne diffère presque plus. La haine survit à la dissidence; il y a encore deux camps, il n'y a plus deux causes. Sans doute ceux qui se vouent aux intérêts des idées nouvelles les pro-

Il me semble que notre adversaire aurait pu se dispenser de nous donner une aussi longue citation pour n'avoir à souligner, et, par conséquent, à incriminer que ses deux dernières lignes. Mais j'ai à le remercier d'avoir rendu en cela un véritable service à la cause qu'il combat, en donnant la plus grande publicité à de belles et solides raisons qui ne devaient être connues que des souscripteurs de *la Revue*; j'aime également à croire que lui-même, comme entraîné par le charme et la vérité de tant de consolantes idées, et tout étonné de se voir encore *dans le camp opposé*, n'a pu résister à la satisfaction de nous les présenter dans toute leur étendue et toute leur beauté. Quoi de plus rassurant, en effet, et de plus flatteur que d'entendre assurer que tous les préjugés du passé, cèdent aux idées nouvelles, c'est-à-dire que la chose publique, dont les intérêts sont ceux du Roi et de tous les Français, acquiert chaque jour des défenseurs, et que sa cause est déjà la seule que l'on s'honore de soutenir. Oui, elle convertira tous ses antagonistes de *bonne foi*, et les autres se contenteront de *dissimuler*, parce qu'elle est *destinée à vaincre.*

clament hautement, tan-
dis que leurs adversaires,
qu'insensiblement elles
captivent, les dissimu-
lent, les désavouent, les
prescrivent en y cédant.
Leur conduite rend un
témoignage involontaire
aux vérités que dément
leur bouche ; et ils pra-
tiquent les nouveautés
avant de les avoir com-
mentées. Il en est ainsi
dans les sciences propre-
ment dites, où une révo-
lution se fait plus vite
qu'elle ne s'avoue, et
change la pratique long-
temps avant d'avoir con-
verti la théorie. Ainsi,
bien souvent les hommes
sont de leur temps mal-
gré eux. Ils croient per-
sister dans les préjugés
du passé, parce qu'ils
en conservent le lan-
gage ; mais leurs goûts,
leurs mœurs, leurs ac-
tions, une foule d'opi-
nions secondaires, qui
leur échappent, trahis-
sent une conversion
d'autant plus réelle qu'elle n'est point prémédi-
tée. C'est ainsi que les
idées s'établissent plutôt
qu'elles ne se se décla-

Une seule chose me fait peine, rela-
tivement à M. Cottu, c'est que, devant cette bonne foi qu'il invoque,
il fasse un amer reproche *au jeune
auteur* d'une assertion qu'il présente
d'une manière absolue, quand il a
lui-même avancé qu'il n'y avait *ni
justice, ni vérité absolues* en matière
de gouvernement. En vain nos adversaires veulent faire aux monarques
un fantôme des idées républicaines;
il peut inquiéter les gouvernemens
absolus, mais les monarchies tem-
pérées, d'abord émues par la crainte
qu'on cherche à leur inspirer, trouveront enfin les moyens de l'éloi-
gner, en faisant leur propre cause de
celle des libertés et des intérêts publics : cet avantage, volontiers divin, est offert aux rois qui accueil-
leront la vérité en observant la justice.

BIBLIOTHÈQUE ROYALE

rent. Le monde était plus d'à demi-chrétien qu'il sacrifiait encore aux faux dieux ; et *tel peuple est peut - être republicain qui se croit encore monarchique.* »

Qu'y a-t-il de plus clair et de plus effrayant ! *nos goûts, nos mœurs, nos actions* trahissent notre lassitude de la royauté. Nous nous croyons *encore monarchiques ;* et déjà les opinious républicaines sont *établies* dans nos esprits, sans même que nous nous en doutions : encore quelque temps et nous aurons le courage de les déclarer : continuons.

« Grâce au ciel et même grâce aux hommes, ajoute le même auteur, la lenteur que tous les amis de la liberté reprochent au triomphe de leur cause, n'est qu'une lenteur apparente. Elle accuse seulement l'empressement de nos vœux et de notre espoir. Jamais, dans le fait, les événemens n'ont mis si peu de temps à mûrir et à éclore. Les révolutions,

Je me vois encore obligé d'en appeler à la bonne foi de notre adversaire ; pourquoi nous reproche-t-il *des goûts, des mœurs, des actions,* que l'auteur de *la Revue* attribue à ses adversaires ; et quand il parle de *tel peuple* d'une manière absolue, M. Cottu est-il fondé à faire cette application à la nation française? Mais ses mandataires, ses écrivains, ont fait leur sincère déclaration, qui est la sienne : le Roi et la Charte ; voilà comme nous entendons tous la république ou le soutien des intérêts publics sous les auspices du Roi et la tutelle des lois.

Je crois que notre antagoniste ne nous a gratifié de ce passage que pour nous convaincre de *toute la délicatesse* de l'esprit de son auteur : *sa juste ambition, son légitime mécontentement, la hauteur de ses espérances.* Voilà ce qui est délicatement exprimé, et ce qui sera apprécié par la grande majorité des Français qui nourrissent les mêmes idées, dans le désir impatient de voir leur Roi puissant et respecté et leur pays heureux et florissant. Car voilà les deux belles conséquences qu'ils attendent de l'expression de leurs vœux et la manifestation de leurs sentimens. Ah ! puisse un aussi noble désir s'ac-

jadis œuvre prolongée des âges, se préparent et éclatent en peu d'années ; et si *une juste ambition, un légitime mécontentement,* qui attestent *la hauteur de nos espérances,* ne nous fermaient les yeux sur les progrès accomplis, nous verrions que ces progrès, *de beaucoup inférieurs à nos droits,* dépassent cependant en rapidité comme en étendue, presque tous ceux qui ont, en d'autres temps, coûté des siècles entiers à l'humanité, le monde travaille sourdement et se développe sous nos yeux d'une manière invisible, semblable à l'homme qui prend sa croissance en présence, et pourtant à l'insu de tout, et qui se trouve avoir passé de l'enfance à la jeunesse sans que le passage ait été aperçu. On ne l'a point vu grandir, mais on le voit homme et on l'avait vu enfant.

En serait-il de même de la France ; et compte-t-on la faire passer de la monarchie à la républi-

complir encore plus promptement que le passage de l'*enfance* à l'*adolescence* : je n'ose pas parler de jeunesse, lorsqu'on nous traite encore en enfans, et que tous les préjugés s'efforcent de nous tenir emmaillotés ! Honneur à tous les défenseurs de nos droits qui nous feront avancer vers le temps où nous serons traités comme des chrétiens par des adversaires qui se disent animés par la charité et la justice.

Que nos adversaires restent dans la sécurité sur ce point ! S'il était possible que la France changeât ainsi de gouvernement sans qu'elle s'en

que, *sans que le passage soit aperçu.* Doit-on dire d'elle quelque jour : On ne l'a point vue changer, mais on la voit république, et on l'avait vue monarchique ? suivons :

« De toutes parts les hommes demandent, attendent ou obtiennent que le gouvernement devienne véritablement *la chose publique,* au moyen de la presse libre, *de la délibération commune* et des élections *populaires.* De toutes parts, ils réclament avec ces institutions ou plutôt à l'aide de ces institutions mêmes, la liberté légale des personnes, des cultes, des opinions, des industries; l'égalité légale des impôts et des terres. »

Il n'est donc plus possible de le nier, quels que soient les progrès *rapides* et *étendus* que nous ayons déjà faits dans le grand œuvre de la réformation sociale, nous les trouvons encore *de beaucoup inférieurs à nos droits;* nous nourrissons en présence de la

aperçût, elle aurait plutôt à craindre qu'un jour on ne dise d'elle : « On l'avait vue monarchie constitutionnelle, et, sans qu'on l'ait vue changer, on la voit monarchie absolue. »

Cette expression de *chose publique* déconcerte tous nos accusateurs, qui ont assez de bon sens pour rester convaincus que toutes les sociétés, qui ne se soutiennent que par le soin des intérêts publics, seront toujours du côté de ceux qui les opposent à l'intérêt privé. Aussi, ne pouvant gagner leur cause par la force des raisons, ils menacent de la force des armes; et quand nous réclamons tout le bien que nous devons attendre de nos institutions, ils s'occupent du soin de nous en priver, pour que nous ne puissions plus leur adresser des demandes légales.

Je ne répéterai point ce que j'ai dit sur nos *droits,* notre *légitime mécontentement et nos hautes espérances,* nous les fondons sur la Charte elle-même qu'on nous accuse de dédaigner : la prospérité qu'elle nous avait fait entrevoir ne s'effectuera que lorsqu'on la dégagera de tout ce qui l'entrave pour faire tourner les élections et les délibérations à l'avantage du peuple et des communes, dont la liberté et le bien-être doivent

Charte, *de légitimes mé-contentemens;* nous entretenons *de hautes espérances.* Nous voulons que le gouvernement devienne véritablement *la chose publique;* nous voulons *la délibération commune,* les élections populaires; en un mot, nous voulons toute autre chose que la Charte.

Ainsi toutes mes prédictions se trouvent réalisées; ce n'est plus moi maintenant qui dis que la majorité des électeurs est imbue des préventions les plus hostiles contre la royauté; ce sont les doctrinaires eux-mêmes qui le proclament à haute voix, dans l'ivresse de leur triomphe. Ils ne dissimulent pas davantage quel est le nouveau mode de gouvernement vers lequel ils s'efforcent de diriger la faveur publique.

Écoutez le *Courrier,* 1er janvier 1829 : « Pendant ce temps (les dernières années qui viennent de s'écouler), les heureux États-Unis poursuivaient le cours majes-

assurer l'éclat et la stabilité du trône, à l'ombre duquel la chose publique, *res publica,* doit croître et se fortifier.

Je crains bien que l'on ne regarde pas, comme un aveu édifiant, celui de M. le Conseiller, devant la déclaration formelle de la *majorité des électeurs* de ne vouloir que les institutions qui unissent le Roi à la France, et de ne demander d'autre gouvernement que celui qui, *à l'aide de ces institutions,* peut faire triompher la cause publique. Tel est le *triomphe* que j'attends avec eux, et dont j'espère que M. le Conseiller partagera *l'ivresse.*

Tout ce que vous venez de souligner dans cet alinéa est contre vous, M. le Conseiller. Si vous et tous ceux qui partagent votre erreur, ne vous attachiez pas à changer la direction que la Charte avait indiquée à la société française, il ne se-

tueux et consolant des prospérités attachées *à la meilleure direction qu'ait jamais eue une société ; celle qui, basée sur les vrais principes de la sociabilité, est la plus propre à satisfaire aux besoins et à la destination des sociétés* formées non pour la jouissance de quelques-uns, mais pour le bonheur de tous. »

Écoutez maintenant le *Constitutionnel* (30 janvier 1829) : « Les Américains n'ont jamais cessé de jouir des bienfaits de la liberté et de l'égalité. Aux États-Unis, l'amour de la liberté et de l'égalité est devenue une habitude, une seconde nature. L'organisation de la société y repousse toute dictature. La permanence des armées, redoutable fléau de notre vieille Europe, n'a jamais menacé les libertés publiques et privées des États-Unis. L'emploi de la force brutale y est inconnue. Le président n'y trouverait pas un seul homme qui voulût pren-

rait pas question de la comparer à celle des États-Unis. Si *sa destination et ses besoins* étaient satisfaits, ainsi que le voulait feu le Roi, et que le veut encore Sa Majesté qui lui a succédé, si on établissait cette comparaison, elle serait à l'avantage de la France, eu égard à l'occasion qui l'a motivée et que vous paraissez avoir oubliée : celle de l'élection d'un chef dont nos institutions nous évitent le danger.

Si les Américains jouissent des bienfaits de la liberté et de l'égalité avec leur constitution, pourquoi n'en jouirions-nous pas, lorsque la nôtre a été faite pour nous en assurer la jouissance. Serait-ce parce que leurs mœurs sont plus simples que les nôtres ; et qu'étant en conséquence plus naturelles, il se trouve parmi eux peu d'hommes qui songent à enfreindre les lois sacrées de la nature pour s'approprier les droits de leurs semblables, et toujours mettre leur intérêt privé au-dessus de l'intérêt général. Alors il est permis de regretter que l'ambition des richesses et des honneurs ait toujours à sa disposition les moyens de violence qui s'exercent sur les citoyens lorsqu'ils réclament contre elle, non pas comme au 10 août, dont les malheureuses suites, quoique préparées par les mêmes moyens, ont amené des résultats opposés, mais comme au mois de

dre les armes pour dissoudre l'assemblée des représentans de la nation, ni violer le sanctuaire des lois. Il lui serait impossible, avec la meilleure volonté du monde, de commettre un de ces crimes qu'on appelle *coups d'état.* Il n'y a point, dans ce pays, de corps armés accoutumés à l'obéissance passive, et qui, à un signal donné, se fassent un devoir et un mérite d'égorger ses concitoyens, (*comme au* 10 *août, sans doute*). Ajoutons à cela que les motifs *d'ambition vulgaire,* qui agitent les nations *caduques et ignorantes,* n'existent pas aux États-Unis. Les Américains ne sauraient être alléchés par des *appellations ridicules,* qui chez nous sont en si grande faveur, ou *amenées en laisse avec des cordons et des rubans.* La capacité, le patriotisme leur tiennent lieu de titres et donnent seuls des droits à sa considération. Il n'y a d'autre aristocratie que les

novembre 1827, époque que je choisis entre tant d'autres, comme plus rapprochée de nous et ayant un rapport direct à cet article. Il est également permis d'émettre le vœu que les moyens pécuniaires qui ne doivent, comme la force armée, être employés que pour la prospérité de tous, ne servent pas à préparer ce qu'on appelle *les coups d'état,* qui amènent la ruine générale ; à *corrompre* les consciences, à fomenter les divisions, pour que l'on n'envoye au poste d'honneur que des mandataires trop faciles pour se défendre, et que tous les citoyens occupés de leur misère, de leurs peines et de leurs craintes, n'aient ni la force ni les moyens de s'opposer au mal qui les accable.

supériorités réelles, qui ne sont reconnues que lorsqu'elles sont accompagnées des vertus du citoyen. »

« Remarquons qu'un président des États-Unis *n'a point de trésors à sa disposition,* pour corrompre les consciences faciles, et réunir autour de lui d'avides courtisans. Comme il n'existe pas de classe privilégiée en Amérique, ni de clergé qui se mêle du temporel, sous le vain prétexte de faire fleurir le spirituel, on s'efforcerait vainement d'y exciter cet esprit factieux, ces fâcheuses divisions qui, en Europe, affaiblissent le moral des peuples, détruisent leur énergie et les préparent à recevoir le joug. Le président ne fût-il qu'un ambitieux, ne parviendrait pas à détrôner la liberté, *auguste souveraine des États-Unis :* les États-Unis tiennent en dépôt *les libertés du genre humain.* »

Ainsi les temps sont accomplis; il n'est pas

Pour ce qui concerne l'*aristocratie, les appellations ridicules, les rubans,* quand on considère toutes les nouvelles prétentions qui menacent le peu de démocratie qui nous reste ; ces nouveaux titres que l'on oppose à notre élévation naturelle, celle du mérite et du talent, comme pour nous humilier en rabaissant les premiers dons du ciel; cette profanation des insignes de l'honneur que l'on a prodiguées sans avoir égard aux justes droits que l'on pouvait avoir de les porter, on peut se tromper sur le choix des expressions que l'on emploie, et des applications que l'on fait. Mais on n'en remplit pas moins un saint devoir en signalant, sur des sujets aussi importans, pour la morale et le bonheur publics, tout le danger de l'immodération pour le *spirituel* qui convoite le *temporel*; ouvrons le livre divin, il nous montre le remède au mal qui, à mon avis, engendre aujourd'hui tous les maux.

Ici je vous en supplie, M. Cottu, défendez-vous de l'ardeur de votre

besoin désormais ni de voiles ni de mystères : le génie de la révolution peut s'armer de la trompette et faire retentir le monde des véritables conditions de la régénération sociale. Un président temporaire et deux chambres nommées par le peuple, tel est le mode de gouvernement que l'on déclare être positivement réclamé par l'état actuel de la société, et que l'on veut imposer non-seulement à la France, mais encore à l'Europe entière !...

Et nunc Reges intelligite.

On ne veut plus de Rois, parce qu'on ne veut pas être *exposé à des coups d'état.* On ne veut plus d'armée régulière, parce qu'on ne veut pas de soldats *qui se fassent un mérite et un devoir d'égorger leurs concitoyens.* On ne veut plus de liste civile, parce qu'elle ne sert *qu'à corrompre les consciences faciles.* On ne veut plus de classe privilégiée, ni de religion de l'Etat,

imagination; il ne faut plus songer qu'à sauver le trône et la France. Vous signalez un danger qui n'existe certainement pas. Votre erreur est déjà un mal; mais vous l'aggravez d'une manière déplorable, en le signalant à l'intelligence, c'est-à-dire à la vengeance des Rois, si la défiance les abandonnait à toutes les alarmes que vous voulez leur inspirer. La voix de la patrie et l'honneur du Roi auraient dû vous faire tomber la plume des mains, en songeant à tous les désordres, à toutes les tribulations que votre assertion, aussi fausse que malheureuse, attirerait non-seulement à la France, mais encore à *l'Europe entière*, si la défiance, déjà trop grande, l'accueillait sur votre parole. Ah ! M. Cottu, les mesures de répression, les cordons sanitaires, l'emploi de forces étrangères, la ruine absolue du crédit et de la fortune publics et privés qui les suivrait, quelle responsabilité pour vous !...

Et nunc, electores, intelligite!

Lorsqu'on s'est ainsi engagé dans la voie des inductions et de la tendance, il n'est plus facile d'en sortir. M. Cottu voit partout des révolutionnaires, il faut qu'il les montre à ceux qui n'ont pas ses yeux clairvoyans. Au défaut des personnes, il montre les doctrines, et il en tire toutes les conséquences qui peuvent persuader les incrédules mêmes de la réalité des dangers dont il effraye le Roi et les grands. Je viens de les réfuter

parce que les nobles et les prêtres *ne sont propres qu'à exciter de fâcheuses divisions qui affaiblissent le moral des peuples, et les préparent à recevoir le joug.* Enfin on ne veut plus d'ordres ni de distinctions quelconques, *parce qu'il faut que la capacité et le patriotisme donnent seuls droit à la considération.*

Hommes de la révolution, membres des comités directeurs, journalistes, doctrinaires, députés du côté gauche, vous tous, enfin, qui régnez aujourd'hui sans rivaux sur l'opinion publique, ne dites pas que vous ne partagez point ces doctrines, et qu'elles appartiennent exclusivement à ceux qui les ont professées : personne n'acceptera cette pitoyable excuse. Ces doctrines sont les vôtres, puisque vous les citez vous-mêmes avec éloge, puisque vous recommandez à l'attention publique, et les livres et les journaux dans lesquels elles sont

en m'occupant de la citation sur les Etats-Unis, et pour ne pas me répéter, je me contenterai de faire observer ici qu'il adresse le reproche de ne plus vouloir d'armées régulières, à ceux qui, depuis la restauration, demandent qu'on augmente la nôtre, et qu'en s'efforçant de maintenir la charte, ils soutiennent et conservent nécessairement *la religion de l'Etat* et les privilèges dont elle a établi la nécessité et qu'elle a entourés de considération et d'éclat.

Dans les articles précédens, il ne s'agissait que de quelques doctrinaires qui pouvaient entraîner une foule de démagogues dans celui-ci : nous voilà en présence de ces comités directeurs qui remuent tout et disposent de tout, et qu'on ne trouve nulle part, de tous les députés du côté gauche, et des nombreuses associations d'hommes qui règnent sans rivaux sur l'opinion publique. J'admire à ce sujet la modestie de notre rival, qui semble se compter pour rien, quand il combat cette multitude avec une ardeur et une habileté dignes d'une meilleure cause. En nous la représentant comme une reine presque absolue, il veut sans doute se jouer de son sujet, puisqu'il sait que son règne *sans rivaux* n'est pas trop respecté du ministère public, qui ne craint pas de compenser sa grande autorité par les amendes et la prison. Ces procès politiques et la sévérité des jugemens qui les suivent

insérées. Elles sont les vôtres, de la même manière que les opinions de Molina et de ses confrères sont celles de la société de Jésus. Elles sont encore les vôtres, puisqu'elles font partie d'un ouvrage rédigé en commun par les hommes que vous regardez comme vos chefs. Enfin, elles sont les vôtres, puisque vous appelez, sur leurs auteurs, toute la bienveillance du gouvernement, et que vous les désignez plus spécialement aux suffrages des colléges électoraux.

Mais si les théories que je viens d'exposer sont de nature à exciter de si justes alarmes parmi les gens de bien, que pensera-t-on de ce qui va suivre ? Ecoutez donc vous tous à qui il reste encore quelque attachement à l'ordre public; et vous, surtout, écoutez, vous que votre faiblesse entraîne à seconder les projets des novateurs, et voyez dans quel abîme ils veulent vous précipiter.

auraient dû détourner notre heureux rival, puisqu'il est protégé par MM. les Avocats du Roi, de l'idée de mettre au ban de l'Europe une reine que l'on retient en prison, et des sujets qui ne peuvent la défendre qu'avec des opinions que l'on ne redoute guère, quoiqu'on paraisse en être épouvanté. Il a avancé une autre assertion, qui me semble évidemment fausse, en voulant prouver que toutes les opinions des *sectaires* sont celles de ce grand nombre d'ennemis des rois et de la religion, qu'il lui a plu de faire passer devant nous comme d'affreuses cohortes de démagogues, ou plutôt de démons sortant de *la fange*, pour envelopper dans une commune ruine, et les hommes et les institutions. *Ces opinions*, dit-il, *sont enfin les vôtres, puisque vous appelez sur leurs auteurs toute la bienveillance du gouvernement.* Ces mots sectaires, démagogues et bienveillance impliquent nécessairement contradiction. Une foule de mauvais sujets ne pourrait attendre la bienveillance; elle connaît sa force, elle en use. Mais rassurez-vous, honorables Députés, écrivains patriotes, doctrinaires consciencieux, on n'ignore pas que votre force est toute morale, et c'est parce qu'on ne veut pas répondre moralement à vos requêtes, à vos justes réclamations, qu'on parle de les repousser avec la force physique. Permettez que je proteste, Messieurs, contre les suites de l'emploi des moyens de violence, en disant avec Daniel, à la France et à l'Europe entière : « Nous sommes innocens de toutes les horreurs, de tous les désastres que la cupidité, l'imprudence et l'aveuglement veulent attirer sur la terre. *En quò discordia!.....*

Mais voilà le calme qui succède l'orage, selon que l'imagination de M. Cottu

> Vole du grave au doux, du sévère au plaisant.

Il n'y a qu'un instant, tout était en conflagration, les *démagogues* lancés par les *doctrinaires*, comme des dogues féroces, donnaient à peine à la royauté le temps de se mettre en défense; maintenant ce ne sont plus des masses à combattre, mais des théories. On ne combat pas des théories avec des canons et des baïonnettes, on leur oppose de meilleures théories, ou plutôt la pratique constante des moyens de bonheur et de consolation. Voilà celui de ne pas craindre *de novateurs, et de ne pas se précipiter dans de nouveaux abîmes.*

***

J'ai cru devoir épargner à mes lecteurs la citation que M. Cottu, pour nous montrer l'abîme qu'il voit toujours ouvert, a eu le courage de faire de deux ou trois pages d'une brochure que l'on avait, dit-il, destinée à être *répandue* parmi le peuple; ce bon peuple qu'on ne se contente pas de calomnier, mais qu'on s'efforce d'agiter pour confirmer le *Nunc reges intelligite.* Je ne reviens pas de ma surprise de voir un grave Conseiller attacher quelque importance à de semblables sottises, et en charger sa mémoire et ses tablettes, pour leur donner une plus grande publicité et prendre le *triste* plaisir d'en tirer d'aussi *tristes* inductions. Je suis persuadé qu'on voudra bien approuver ma retenue au sujet d'une citation où il s'agit de *gagner* ou de *voler*; d'un *métier* ou la place de *Grève*; de dire à ceux qui jeûnent dans la rue : *Courage, messieurs*, j'ai dîné; de *planter* des choux ou des mérinos; de faire *éclater sa bedaine*; de *bambin* sorti de ce *tronc* énorme, et qui *tette* encore; d'un *tantinet* pour ramener l'âge d'or; de guérir les *escrocs* et les *voleurs*, non en les tuant et les incarcérant, mais en leur garnissant *et le gousset* et la mâchoire; de sotte gentilhommerie chauffant son four, etc.

M. le Conseiller, comme pour *sonner* à son tour *de la trompette*, après un choix aussi édifiant, ajoute, en entassant figures sur figures, pour prouver qu'il est bien sûr de son terrain :

Je vois ici l'indignation des doctrinaires : Qui ! nous, vont-ils s'écrier, nous partagerions des principes aussi abominables ! nous ! hommes de bien, hommes de sens, hommes de paix, vous pouvez nous imputer de pareilles extravagances ! extravagances ? dites-vous, et pourquoi ? Je soutiens, moi, que l'auteur a raison. La réforme qu'il sollicite est la conséquence directe de vos doctrines. Si tous les hommes ont des droits égaux au gouvernement de l'Etat, pourquoi n'en auraient-ils pas aussi au territoire de l'Etat ? La terre n'a-t-elle pas été donnée également aux enfans des hommes aussi bien que le droit de penser, de parler et de croire? Pourquoi donc restreignez-vous au droit de publier ses opinions, à celui de professer tel ou tel culte, à celui de ne pouvoir être arrêté que dans des cas déterminés, à celui d'être admis à tous les emplois publics et à quelques autres droits de

Notre antagoniste n'aura même pas la satisfaction de voir l'indignation de ses rivaux, ils doivent la réserver pour un plus grave sujet. Ils seraient plutôt tentés de rire de l'application qu'il fait de maximes aussi exemplaires, et de la délicatesse d'esprit avec laquelle il la fait, si le sujet de cette application n'était pas si sérieux. Si quelque chose pouvait indigner les plus sages après son exclamation, ce serait de voir un conseiller débiter, sans le moindre correctif, des extravagances qu'un *brigand* un peu habile pourrait opposer, à sa justice, à l'audience de la Cour royale. J'en appelle ici à sa conscience et au jugement de ses collègues. Si un voleur de profession trouvait la page dont je m'occupe, et qu'après avoir bien étudié la *consolante* leçon qu'elle lui donne, au moment d'être condamné par la Cour royale, par M. Cottu lui-même, il élevât la voix et dît : Messieurs, vous n'êtes pas justes, ma profession est autorisée par un de vos collègues, vous n'avez point renié ses principes : ils me donnent le droit *de prendre ma part des biens que la providence a si libéralement répandus sur la terre;* et vous voulez me punir de l'avoir exercé ! Tous les conseillers se regarderaient, et devant la page montrant en tête ses mots : *M. Cottu, conseiller à la Cour royale de Paris,* il se repentirait, mais trop tard, d'avoir passé son temps à méditer et à écrire de telles choses, quand la révision des codes,

même nature, les droits généraux de l'espèce humaine ? Pourquoi , surtout, enlever à l'homme le droit qu'il tient de la providence , de prendre sa part des biens qu'elle a si libéralement répandus sur la terre ? que vous autorisiez chaque membre de la communauté à conserver le fruit de son travail , on peut encore le concevoir , puisqu'il ne dépend que de chacun de se procurer les mêmes avantages au même prix ; mais pourquoi permettre que ce bien soit ensuite transmis à un autre qui n'a rien fait pour l'acquérir ?

généralement désirée, offre la plus belle palme à son talent. Car il n'est pas heureux en raisonnemens politiques ; on peut l'arrêter à tout alinéa , et lui dire : *Ah ! M. Cottu, c'est un peu fort,* et souvent, *c'est trop fort,* tandis qu'il ne l'est pas même *sur le terrain* qu'il dit être le sien ; et nous serions bien malheureux qu'il le fût, quand il veut prouver que, *philosophiquement*, un fils n'a pas plus de droit que tout autre à la succession de son père, que le droit d'aînesse et la transposition du pouvoir électoral , conséquemment l'abolition de la charte , sont de toute nécessité.

Electeurs, je ne puis trop vous le redire , écoutez , comprenez , et ralliez-vous pour le maintien de cette monarchie à laquelle on ose soutenir que vous n'êtes ni *personnellement* ni *matériellement* intéressés.

je dirai comme l'auteur de la brochure : *Voilà ce que je trouve un peu fort.* Où est la source du droit que vous accordez au fils sur les biens de son père ? *Philosophiquement*, *il n'y a pas plus de droit que tout autre.* Allez-vous justifier ce privilége par l'intérêt général de la société ? oh ! alors je vous comprends ; mais sur ce terrein je serai fort ; et il me sera facile de justifier, à mon tour, la nécessité des distinctions sociales, des majorats, du droit d'aînesse, et surtout celle qui existe, pour toute monarchie constitutionnelle, de placer le pouvoir électoral dans une classe de citoyens personnellement et matériellement intéressés au maintien de la monarchie.

Les doctrinaires renient en vain les excès que je viens de signaler ;

M. le conseiller , à son début dans la carrière de la justice, a dû faire un bon juge d'instruction, et rem—

ils sont la conséquence rigoureuse de leurs principes ; et il n'y a qu'une mauvaise honte qui puisse les empêcher de les avouer ; aussi se divisent-ils en plusieurs classes. Les uns, ainsi que nous l'avons vu, timides encore, ou retenus par des préjugés d'éducation, n'osent pas avancer plus loin que la suppression des plus importantes prérogatives de la royauté ; mais à la dernière conséquence de leurs systêmes, arrivent des doctrinaires plus hardis, qui, prenant les principes au point même où les premiers les ont laissés, les poussent jusqu'à la république, du sein de laquelle s'élancent enfin les véritables doctrinaires, les doctrinaires conséquens, les purs enfans de la nature et de la vérité, qui, foulant aux pieds tous les privilèges établis, sans en excepter celui de la propriété, se précipitent, tête baissée, dans des théories si remplies d'extravagances et de confusions, qu'il est

plirait parfaitement, aujourd'hui, les fonctions d'un procureur général et même d'un ministre de la police, s'il n'était pas trop redoutable pour ces *pauvres libéraux* qu'il voudrait, ab hoc et ab hâc, convaincre de démagogie, et même, pour l'exemple, du crime de lèze-Majesté. Avec lui, on ne peut pas se défendre des conséquences qu'il tire de principes étrangers à ceux qu'il poursuit jusque dans leur fort intérieur. En vain on lui fait observer qu'on n'entend, par la nature, que l'être souverainement bon et puissant, par la vérité, que les principes éternels émanés de sa sagesse pour l'instruction des Rois et le bonheur des peuples, par la liberté, que la faculté de faire tout ce qui ne nuit pas à l'ordre social, par l'égalité que celle qui fait espérer à tous les genres de mérite de parvenir aux honneurs et aux dignités, il répond : Allons, soyez conséquens, bannissez *cette* mauvaise honte qui retient encore votre aveu : n'ai-je pas raison ? « vous êtes les purs enfans » de la nature et de la vérité, vous » voulez fouler aux pieds tous les » privilèges établis, vous conspirez » contre la royauté et contre l'ordre » social, etc. » Si l'indignation ou le mépris porte à garder le silence, il s'écrie dans son triomphe : Je tiens le démagogue, le monstre, je l'ai convaincu.

impossible de concevoir avec elles la moindre apparence d'ordre social.

Au reste, à côté des doctrinaires de bonne foi, se trouvent un grand nombre d'hommes qui ne se sont placés dans leurs rangs, et ne professent leurs maximes que pour soulever le peuple, et le faire servir d'instrumemt à leur propre élévation. Remplis d'une profonde haine contre tous ceux qui sont en possession des honneurs et des dignités, ils veulent les leur arracher à tout prix ; et c'est pour y parvenir qu'on les voit, chaque jour, monter à la tribune et présenter au peuple ce niveau de sinistre mémoire, qu'ils ont été arracher à la voûte de la salle des Jacobins. Voilà tout le secret de leur prétendu zèle pour les libertés publiques. Voyez leurs mœurs ; suivez-les dans le cours de leurs relations privées : vous les trouverez à la cour et dans les palais des princes. Ils en sont distingués, fêtés, cares-

Ainsi, honorables députés, qui vous opposez à l'injustice et aux abus, dans l'intérêt du Roi et de la France, vous êtes encore plus coupables que les doctrinaires qui tirent *les démagogues de la fange* ; « vous » ne montez à la tribune que pour » soulever le peuple par vos maximes » anarchiques, en lui présentant le » fatal niveau. Vous acceptez les *fa-* » *veurs des Princes*, et, ingrats au- » tant que perfides, » vous couvrez de votre zèle le dessein de vous élever sur leurs ruines...Ah ! M. Cottu, soyez aussi conséquent ; avouez que c'est trop fort, surtout, quand après avoir donné à vos adversaires le charitable avis de montrer *des mœurs conformes à leurs discours, en se renfermant dans leur obscurité*, sans doute pour céder leur place à leurs vains et ambitieux rivaux, *et en se contentant du simple nécessaire pour vivre de la vie du peuple*, vous leur dites avec tant de grâce et de délicatesse, qu'ils pourront alors lui immoler des victimes.

Mais quelles victimes voulez-vous qu'ils lui offrent, quand ils n'auront rien au-delà du nécessaire ? Votre intime pensée s'arrêterait-elle sur des victimes humaines ? ah ! M. Cottu, M. Cottu !...

sés; ils en reçoivent mille faveurs qu'ils n'hésitent pas à accepter. Maladroits imposteurs! ayez du moins des mœurs conformes à vos discours. Fuyez les grands que vous dites mépriser; fuyez les cours, si fatales à la prospérité de l'Etat; sachez vous renfermer dans votre obscurité, vous contenter du simple nécessaire, vivre de la vie du peuple, et conséquens avec vous-mêmes.

Vous lui viendrez alors immoler vos victimes.

CHAPITRE II.

De l'influence des doctrines li-
bérales sur les différentes
classes de la société, et no-
tamment sur celle à qui est
confié le pouvoir électoral.

Il faut le dire avec douleur, de toutes les nations de l'Europe, la nation française est peut-être la seule qui pût se laisser séduire par les grossières illusions que je viens de signaler. Ce peuple, que l'on pourrait appeler le *peuple-roi*, avec plus de raison, peut-être, que le peuple romain, puisque ce sont ses rivaux eux-mêmes qui lui décernent la palme de la gloire et du génie; ce peuple, destiné à marcher à la tête de la civilisation, et sur lequel les autres peuples ont

CHAPITRE II.

De l'heureuse influence des belles doctrines
dites ironiquement **libérales** *sur les Fran-*
çais, et particulièrement sur les Elec-
teurs, pour affermir la royauté **libérale**,
c'est-à-dire, selon l'Ecriture Sainte,
juste, généreuse, bienfaisante, et s'élevant
à la puissance et à la gloire par la liberté
et l'aisance du peuple-roi.

Enfin, voilà un aveu formel et généreux de la part de notre rival : nous ne sommes plus un peuple de démagogues, mais un peuple-roi; et alors il faut aussi que je le dise, mais avec joie : J'ai la juste espérance qu'au lieu de ces belles illusions qu'on appelle *grossières*, il jouira bientôt des consolantes réalités dont tous ses généreux défenseurs travaillent depuis long-temps à le faire jouir. Oui, il est destiné à marcher à la tête de la civilisation; c'est la conséquence naturelle de nos doctrines *libérales*, et *comme tous les autres peuples ont les yeux attachés sur lui*, c'est à lui à conserver, dans toute sa beauté, la *palme de la gloire et du génie*, en ne se laissant pas entraîner dans les filets de l'absolutisme qu'il doit redouter autant que l'anarchie.

les yeux sans cesse attachés, est cependant le plus facile de tous à entraîner dans les désordres de l'anarchie.

Cette propension à se soulever, ou du moins à se mettre en opposition contre l'autorité, provient de l'excessive vanité qui forme le point le plus saillant du caractère national, et qui fait que tout Français, en même temps qu'il soupire avec la plus vive ardeur après les honneurs et les distinctions, ne peut, sans un amer chagrin, les supporter dans les autres.

Ce défaut, plus funeste peut-être dans ses conséquences que les vices les plus odieux, est la principale cause de tous nos malheurs. Que nos enfans ne s'y méprennent pas, ce n'est pas la dureté du joug qui pesait sur la France, ce n'est pas l'impérieux besoin d'une liberté inconnue à nos pères, qui nous a précipités dans

Le père des philosophes chrétiens a dit avant M. Cottu, « que toutes » les créatures étaient assujetties à » la vanité qui était en elles comme » le germe salutaire de l'honneur » de porter le titre d'enfans de » Dieu, et du bonheur qui doit l'ac» compagner ; et le moyen pour » qu'un *peuple - roi supporte sans chagrin, dans les autres*, les honneurs et les distinctions dont il se sent digne, c'est de céder à *sa vive ardeur*, à ses pressans besoins, en ne les donnant pas exclusivement à la naissance et à la fortune, c'est de lui ouvrir une nouvelle carrière de gloire et d'espérance, en lui indiquant de nobles travaux, et en l'intérressant dans d'utiles entreprises.

Ce défaut, s'il existe, un gouvernement sage peut le changer en vertu, et en faire la *principale cause* de la sécurité publique ; c'est aussi par un sentiment de vanité auquel se joint celui de l'orgueil et de la domination qu'on rappelle les fautes des pères pour faire *peser* sur les enfans un *joug* encore plus odieux. Nous qui connaissons les charmes de la liberté légale, rendons-nous tous solidaires, pour nous en assurer la jouissance par tous les moyens d'honneur et de raison.

la révolte et l'anarchie ; c'est la vanité, la seule vanité.

Sous la protection d'un gouvernement dont l'opinion publique tempérait les excès et dirigeait presque tous les actes, les classes intermédiaires étaient devenues riches et considérées ; elles approchaient de la noblesse par l'urbanité de leurs mœurs, et la surpassaient par leur instruction ; mais elles s'en voyaient encore séparées par quelques légères distinctions dont elles se trouvaient humiliées : *indè mali-labes.* Voilà la cause de la révolution, et quelque soin que l'on ait pris d'ennoblir les motifs de ses premiers apôtres, il est certain que la plupart d'entr'eux ont été bien moins inspirés par l'amour de la liberté que par la haine qu'ils portaient aux choses privilégiées.

Voilà un second aveu que nous devons accueillir dans l'intérêt de notre cause : *l'opinion tempérait les excès du gouvernement.* Je dirai à mon tour : *indè mali labes.* Non ce n'est point la vanité que l'on reproche à tort à nos pères, ni une haine qu'ils n'ont jamais manifestée qui ont amené la révolution ; mais plutôt ces excès qui ne reconnaissaient plus de frein. Aujourd'hui qu'on les renouvelle, c'est encore vainement que l'opinion publique essaye de les *tempérer* : on n'en tient aucun compte ; et l'on ne s'inquiète ni de nos souffrances ni de nouvelles tourmentes qu'elles nous annoncent.

Qu'on se rappelle l'espèce de fureur que produisit sur les spectateurs, qui presque tous étaient déjà frappés de la plaie de l'égalité, le costume modeste des députés du tiers - état comparé aux brillans panaches de la noblesse, et aux riches vêtemens du clergé. Que de

Je crois que M. Cottu prend ici l'effet pour la cause. Alors de grandes profusions avaient occasoné de grands embarras ; et devant l'inquiétude qu'ils donnaient, chaque ordre s'efforçait de rejeter sur les autres le reproche de les avoir préparés, et tous trois avaient préludé aux accusations réciproques, par des défis et des menaces. Le clergé et la noblesse, ne voulant rien rabattre de leurs prétentions, reje-

haines, si l'on voulait remonter à leur source, n'ont peut-être pris leur origine que dans cette frivole circonstance!

Aujourd'hui même encore, après l'expérience de tant de malheurs, qui entretient encore cette sombre agitation que l'on remarque dans tous les esprits? Qui nourrit ces préventions funestes contre le trône et les familles qui l'entourent? Qui nous emporte vers cet état de nivellement dans lequel aucun gouvernement n'est possible? c'est encore la vanité.

Qui soulève contre la Charte et les autres priviléges établis, cette classe nombreuse de marchands, de banquiers, de manufacturiers? c'est toujours la vanité, rien autre chose que la vanité. Si cependant ces maîtres de l'or voulaient s'arracher pendant quelques instans à la contemplation de leurs trésors et

taient avec hauteur toutes les requêtes du tiers-état qui, enfin exaspéré par tant d'injustice et de mépris, leur reprochait amèrement leur luxe et leur intempérance. Dans cette triste position respective, la réunion de tous ces élémens discordans fit éclater l'orage qu'il était facile de prévoir : la cause du mal public éclatait également comme flagrante dans la richesse, la magnificence, je dirai aussi la vanité qui, en contrastant avec la peine et les embarras publics, semblaient ajouter l'insulte au tort qu'on leur imputait.

Oui, dans la crise actuelle, c'est *encore la vanité des distinctions et des jouissances exclusives*, les prétentions injustes, les *funestes préventions* contre le peuple et ses zélés mandataires qui, *après la plus cruelle expérience*, mettent l'inquiétude dans tous les cœurs et nous emportent, non *vers l'état de nivellement*, mais vers celui de ruine, de misère et d'abjection.

Environné de fantômes et peut-être troublé par mille alarmes, M. le Conseiller - d'Etat ne s'est pas aperçu qu'il ne servait ici ni la justice ni la vérité; car il doit savoir que le commerce est aussi intéressé à l'ordre que l'agriculture dont il ne parle point, et que ce n'est pas en se soulevant contre la Charte, et conséquemment contre l'ordre établi, que tous deux prospèreront; ce serait une étrange vanité que celle qui indiquerait des moyens contre elle-même. Celle de

à la haute idée qu'ils y puisent d'eux - mêmes, que trouveraient-ils dans leur profession qui pût motiver l'étrange considération qu'ils réclament ? Par où cette profession est-elle faite pour saisir l'imagination des peuples, et s'emparer de leurs respects ? En est-il une plus sèche et plus remplie d'égoïsme ?

Deux peuples sont-ils en guerre ; le commerce leur fournit également des armes pour s'entr'égorger. Que dis-je ? On l'en a vu fournir aux ennemis de son propre pays. Il fait la traite des noirs ; il fait la contrebande ; il va piller avec une lettre de marque les propriétés particulières. Il profite d'une nouvelle

leurs rivaux ne peut qu'au contraire s'accroître dans l'*ivresse* du triomphe dont elle les empêche de prévoir les malheureuses suites. Si quelques banquiers s'occupent à contempler leur or que les attaques contre nos institutions empêchent de circuler, beaucoup d'autres ont vu disparaître le leur par la même cause qui a entravé toutes les affaires et détourné de toute louable spéculation. Pour l'égoïsme qu'on leur reproche ainsi qu'au commerce en général, leur défense s'offre matériellement dans les ateliers de charité, les distributions de vivres, de bois et de vêtemens. J'ajouterai, nonobstant la plaisante indignation de l'Apostolique, dans les soirées et les bals publics et particuliers : le mérite de cette bienfaisance, joint aux avantages publics et privés que leur *profession* procure leur donne des droits à la considération qu'on leur conteste par l'effet d'une injustice ou d'une jalousie plus étrange que leur réclamation.

Si M. Cottu n'était pas prêt à faire sortir de son cerveau, non comme une Minerve nous présentant l'olivier, mais une Tisiphone secouant ses torches sur nous, une contre-loi d'élections, il aurait présenté le commerce sous un aspect plus consolant ; car il n'ignore pas que l'on peut dire, au sujet de cette source de bien et de mal, ce qu'Esope a dit de la langue, avec autant d'esprit que de grâce, pour nous prouver que l'on abuse souvent des meilleures choses, comme il me

politique, encore ignorée sur la place, pour vendre à des malheureux qu'il a réduits au désespoir, des marchandises qui vont bientôt devenir sans valeur. Tout moyen, enfin, lui est bon pour gagner de l'argent. C'est là sa seule pensée, son unique but; c'est son âme, c'est sa vie, c'est son Dieu. Peu lui importe la conséquence de ses opérations. Si elles sont utiles à l'Etat, tant mieux; il n'a jamais cherché à lui procurer cet avantage. Si elles lui sont nuisibles, tant pis; pourquoi se trouve-t-il sur son chemin? Il fait vivre, dit-on, une foule d'individus; mais n'est-ce pas pour gagner sur leur main-d'œuvre? Quand il a besoin qu'ils souffrent ou qu'ils meurent, hésite-t-il à les enterrer dans des mines, à les soumettre aux travaux les plus

semble qu'il en abuse lui-même en employant son intelligence et son talent à prouver le contraire de ce que les publicistes de tous les âges ont écrit sur le commerce, qui rend les nations heureuses et puissantes en faisant mouvoir les richesses et en les augmentant au moyen de la consommation intérieure et extérieure de leurs produits qu'il facilite ou plutôt qu'il assure, en assurant également des revenus au Roi, des pensions aux courtisans, de bons traitemens et un fort casuel aux ministres de la religion, des appointemens aux *Conseillers*, enfin, le juste salaire de tous les travaux, et *quand le gouvernement le voudra*, la récompense de tous les genres de mérite et de services. Ce sont pourtant ces idées consolantes que l'on repousse et que l'on s'efforce de nous faire oublier, en nous dépeignant comme des *contrebandiers*, *d'odieux trafiquants*, *des voleurs* publics et privés, des *monstres* qui n'ont d'autre *dieu* que l'*argent*, d'autre *pensée* que celle de s'en procurer par le *pillage*, par la *trahison*, par le *meurtre* des citoyens généralement recommandables par leur probité et leur activité qui entretiennent et renouvellent toutes les richesses sur lesquelles leurs adversaires fondent leur *loisir* et leurs jouissances.

meurtriers? L'imagination n'ira jamais jusqu'au degré de cruauté où l'on est arrivé dans la traite des noirs, aujourd'hui surtout que cet odieux trafic est défendu par les lois. De malheureux esclaves ont été jetés à la mer comme des ballots de marchandises prohibées, pour éviter aux monstres qui les avaient embarqués des amendes et des confiscations.

Voilà le commerce, voilà l'esprit qui l'anime dans toutes les parties du monde ; voilà pourquoi c'était déroger, pour un gentilhomme, que d'acheter pour revendre. Comment donc une pareille profession, étrangère à tout sentiment de devoir et de dévouement, et qui n'a jamais en vue qu'un intérêt particulier, lors même qu'elle s'exerce avec le plus de loyauté ; commen dis-je, pourrait-elle prétendre à la supériorité sur toutes les autres professions libérales (*) ? Comment surtout se fait-il que tant

(*) Je dois néanmoins dire qu'il existe dans le commerce une foule de maisons recommandables par leur probité héréditaire et leur fidélité scrupuleuse à remplir leurs engagemens. Ces maisons sont en possession de l'estime générale ; mais cette estime, accordée à leur loyauté, est entièremeut indépendante de la profession qu'elles exercent ; profession qui, n'étant soumise à aucun sacrifice, soit envers l'Etat, soit envers les citoyens, n'a droit non plus à aucune considération particulière.

Et pourquoi réunir ainsi contre eux tout ce qu'il y a de plus amer, de plus insultant ? Pour en revenir à l'idée favorite, seule louable, seule méritoire : celle de les remplacer par des gentilshommes qui se gardent bien *d'acheter pour revendre.* Notre adversaire oublierait-il que beaucoup de nobles et d'autres privilégiés, dont l'avancement et le pouvoir sont *sa seule pensée, son unique but,* ont acquis des titres de noblesse avec l'argent que leurs pères leur avaient laissé après une vie laborieuse passée dans le négoce ; et qu'une foule d'autres, accablés de dettes souvent pour avoir écouté le sot orgueil qui leur défendait *d'acheter pour revendre,* n'ont pas cru déroger en s'alliant a vec les familles commerçantes. C'est pourquoi dans un état agricole, le cultivateur qui produit, et le commerçant qui active l'emploi des productions, ne sauraient acquérir *trop d'importance,* puisque leur profession est comme la base de la fortune de l'Etat ; et que par leurs travaux, leurs veilles, leur industrie, ils obtiennent cette aisance qu'ils présentent, aux classes supérieures, comme une ressource inappréciable, quels que soient l'époque et les motifs de leurs embarrras. Pour ménager cet échange si utile et si flatteur de la richesse avec les distinctious sociales, ce n'est pas assez de *l'estime* générale qu'une note tardive et

de gens aujourd'hui s'empressent d'accueillir ses prétentions et de relever son importance ? Comment? C'est qu'elle remplit du plus sot orgueil ceux qui y ont obtenu quelques succès, et qu'elle leur inspire une excessive jalousie contre toutes les distinctions sociales, et contre l'estime attachée aux services rendus à l'Etat. C'est par là qu'elle plaît aux révolutionnaires; c'est par là qu'elle leur offre le moyen de la faire servir à leurs desseins.

Mais ce n'est encore là que le moindre des malheurs qui résultent pour le gouvernement des écarts de la vanité; des hommes qui, par état, et surtout par caractère devaient être les plus fermes soutiens de la royauté, conspirent ouvertement sa ruine, parce qu'il n'a pas été en son pouvoir, tout en leur conservant leurs grades et leurs dignités, de leur conserver aussi la prééminence de rang qu'ils

comme échappée au repentir rend *à une foule de maisons recommandables*, il faut leur attribuer la *considération particulière* qu'on s'obstine à leur contester.

M. Cottu, qui ne voit que des ennemis de la royauté, doit être surpris qu'elle puisse se soutenir, quand, dans toutes les classes, on *conspire ouvertement contre elle*. Si j'avais l'honneur d'être Conseiller d'une cour royale, ce n'est pas au papier que je confierais d'aussi graves accusations dont je pourrais prouver la nécessité; mais je les porterais au ministère public, pour que justice ait lieu, et que la monarchie soit sauvée. Si mes preuves n'étaient pas suffisantes, je garderais le silence pour ne pas jeter l'inquiétude dans tous les esprits en faisant planer les soupçons sur une foule de personnes distinguées. Car il ne s'agit plus de manufacturiers, de trafiquans,

avaient conquise sous Buonaparte.

Enfin, le croira-t-on, les dons les plus signalés du Roi, les plus précieux témoignages de sa faveur ont été quelquefois transformés par la vanité en une source de mécontentement et de désaffection. Nous avons vu des citoyens détachés de la royauté par les bienfaits mêmes qui devaient à jamais les unir à sa cause. Ces illustres ingrats étaient autrefois royalistes; quelques-uns mêmes étaient royalistes trop ardens. Placés alors dans une condition honorable, quoique voisine encore des conditions moyennes; jouissant au plus haut degré de l'estime publique accueillis avec distinction dans les plus illustres maisons, ils étaient contens de leur sort et sentaient tout le prix de

mais, si je ne me trompe, de nouvelles illustrations qui, n'étant dues qu'au mérite civil et militaire, permettent bien d'opposer le sentiment d'honneur que M. Cottu appelle *vanité* à la vanité personnifiée, d'autres, mais anciennes illustrations dont des titulaires, nos contemporains, ne sont pas toujours dignes.

Je tâche de reconnaître le moindre service que l'on me rend ; je pense qu'ici, M. le Conseiller est bien *sur son terrain*, en s'élevant contre l'ingratitude dans quelque rang qu'elle se trouve. Mais je crains qu'il ne soit de nouveau dans l'erreur, en attribuant à d'illustres citoyens *qui sentent tout le prix de la hiérarchie sociale*, le vœu de voir *périr* les institutions qui l'établissent et même les dignités qu'elle leur assure. J'ai besoin de preuves formelles pour croire à une vanité qui *trouble la tête*, fait *bouillonner le sang, allume la colère*, au point de transformer des hommes intéressés à la conservation de la monarchie constitutionnelle et au maintien de l'ordre, en doctrinaires insensés qui vont *bouleverser l'ordre social. L'idée du refroidissement des sentimens de bienveillance* auxquels il attribue un mouvement désordonné de vanité aussi incroyable que le changement qui le suit, est une insulte pour des hommes élevés en dignité : elle sera sans doute échappée au *sang bouillonnant* de notre adversaire qui cependant a eu la prudence de couvrir ses assertions d'un voile que je ne dois pas soulever.

cette hiérarchie sociale qui assure le repos de l'état et présente un noble but à toutes les ambitions légitimes. La bonté du Roi va les chercher dans leurs modestes retraites; elle les élève aux plus hautes dignités du royaume. Qui ne croirait que leur reconnaissance et leur dévouement ne vont plus connaître de bornes? Mais, ô profonde faiblesse du cœur humain! ces dignités nouvelles qui les placent sur le même rang que les descendans des plus nobles familles, et qui leur donnent le droit d'exiger, à titre d'égaux, ces égards et ces attentions qu'ils ne devaient autrefois qu'à une politesse prévenante, réfroidit les sentimens de *bienveillance* qu'ils avaient d'abord inspirés : on les accueille avec moins d'empressement. Aussitôt leur tête se trouble, leur sang bouillonne, leur colère s'allume. Périsse la noblesse! périsse les dignités dont ils sont eux-mêmes revêtus! périsse la monarchie qui n'a pu empêcher qu'il n'y eût encore quelqu'un au-dessus d'eux! et les voilà devenus les plus ardens promoteurs de ces doctrines insensées qui menacent l'ordre social d'un nouveau bouleversement.

Lorsque des hommes placés si haut dans la hiérarchie des pouvoirs; lorsque les classes les plus élevées de la bourgeoisie, se laissent si follement emporter par le torrent des idées nouvelles, comment les classes moyennes de la société, celles entre les mains desquelles a été si inconsidérémentplacée la puissance électorale, pourraient-elles résister elles-mêmes à tout le charme qu'il est si facile de répandre sur les théories

De même que notre adversaire, est comme à l'affût de ce qu'il appelle *les idées nouvelles*, et de ceux qui les accueillent pour les dénoncer aux puissances de la terre, qu'elles ne menacent aucunement, de même, je guette ses aveux, et je compte les défenseurs qu'il me montre, pour étayer mes moyens de cause de leur nombre et de la considération qui les entoure. Veuillez continuer, M. Cottu; et devant une aussi imposante multitude d'hommes élevés en dignité, en pouvoir, en science, en activité, en richesses; que feront les adversaires des *théories* du bien public et particulier? Pourraient-ils se trouver dans les rangs des défenseurs de la monarchie, qui ne peut être florissante qu'avec l'aide de la

républicaines? Comment en présence de ces opinions, qui caressent si doucement l'orgueil des électeurs, et qui s'offrent à leur imagination, revêtues d'une fausse apparence de respect pour la dignité de l'homme, les défenseurs de la monarchie trouveraient-ils quelque crédit auprès d'eux, lorsqu'ils n'ont à leur faire entendre que des argumens sévères, comme la vérité, et fondés sur la nécessité des sacrifices qu'exige l'ordre social?

La plupart des Électeurs ne sont même pas en état d'apprécier la force de cette nature d'argumens. Essayez, par exemple, de démontrer à un marchand, à un fermier, à un petit propriétaire, qu'un gouvernement ne peut être stable qu'autant, qu'il s'appuie sur un ordre de citoyens matériellement intéressés *au mode spécial de son organisation;* qu'autrement, il est exposé à toutes les vicissitudes de l'opinion, non moins variables prospérité de la chose publique? Non, ses véritables soutiens connaissent une autre vérité que celle des *argumens sévères :* la vérité éternelle qui dit, aux monarques et aux peuples, que la dignité de l'homme dans les sociétés chrétiennes, demande au lieu de menaces, d'exclusions, de vexations, une confiance réciproque, l'appui mutuel qu'indiquent la justice et la raison ; et entre les sacrifices que l'ordre social exige, celui d'une prévention funeste contre les citoyens et les institutions.

Ici, Electeurs, qui chérissez, comme votre bien et votre premier besoin, ces vérités qui relèvent et consolent à la fois l'humanité, et qui êtes préparés à de nouveaux sacrifices pour les faire triompher, redoublez d'attention, voilà l'exposé du détestable dessein qui m'a donné l'idée de vous faire suivre, ligne à ligne, de faux raisonnemens, qui sont comme autant d'élémens de votre humiliation future. Vous voilà vous-même en présence du but de toutes les accusations et de toutes les intrigues, l'exclusion ou plutôt la dégradation d'une bonne partie d'entre vous. Écoutez, et surtout comprenez, marchands, fermiers, petits propriétaires, qu'on veut éliminer après avoir dénigré vos qualités sociales, on attaque votre intelligence ;

que celles de l'air, et à toutes les passions des hommes qui exercent un empire actuel sur les masses ; ajoutez que cet appui, nécessaire à toute espèce de gouvernement, ne peut résulter que de l'établissement d'une *aristocratie territoriale et héréditaire*, parce que le privilège attaché à la terre est celui qui frappe le plus puissamment l'imagination des peuples, qui s'accorde le mieux avec leur raison, et qui leur imprime le plus de respect et de soumission : ce marchand, ce fermier, ce petit propriétaire ne vous comprendront pas ; ils n'ont point, en eux, ce qu'il faut pour être touchés de ces graves considérations : la connaissance des hommes, l'expérience acquise par l'histoire, et l'impartialité nécessaire pour asseoir un jugement.

vous ne portez pas en vous, citoyens qu'on accuse d'être trop simples, parce qu'on redoute votre franchise et votre intégrité, vous ne portez pas en vous *ce qu'il faut* pour vous *intéresser* aux grandes questions du bonheur social et de la stabilité d'un gouvernement, vous n'avez ni *connaissance des hommes*, ni expérience, ni impartialité. Quels sont donc les hommes, *comme il faut*, qui jouiront du *beau et rare* privilège de s'élever à tant de graves et sublimes considérations ? Ceux qui, en vous humiliant pour vous repousser, sont appelés à constituer cette *aristocratie territoriale et héréditaire*, dont vous serez les très-obéissans et *vilains* serviteurs, les très-humbles et très-soumis vassaux. Voilà le fruit de tant d'années de sacrifices, de tant d'efforts généreux, et j'aurai le courage de le dire, en face de vos imprudens calomniateurs, de la pratique de tant de vertus. Malheureuse cupidité et vanité réunies, où voulez-vous nous conduire ? Détestables et coupables passions, hésitez et reculez devant le serment du Roi, des princes, de tous les dignitaires publics, devant cette foule d'hommes de mérite et de distinction, sortis de *la classe moyenne*, dont vous avez médité l'avilissement, plus dur encore pour des Français qu'*un joug pesant* ; ces généraux, ces capitaines qui méritaient de l'être ; ces savans, ces jurisconsultes, entre ces derniers, M. Cottu lui-même, que j'attends à repentance devant l'affliction de son pays ; enfin, tant de bons Fran-

Mais, dites-leur au contraire, avec le Courrier, le Globe et le Constitutionnel, que tous les hommes étant égaux, il ne doit exister de distinctions entr'eux, que celles des talens; dites-leur qu'un citoyen ne doit reconnaître d'autre supériorité sociale, que celle du magistrat, et seulement quand il est dans l'exercice de ses fonctions; que, quelle que soit la différence qu'il ait plu à la nature d'établir entre les divers degrés d'intelligence qu'elle a répartie à l'homme, il n'est pas de citoyen assez borné, pour ne pouvoir concourir à l'élection des représentans de la nation; dites-leur enfin, que tout gouvernement n'étant constitué que dans l'intérêt public, il doit toujours être permis au peuple de changer celui qui le régit, lorsqu'il croit pouvoir le remplacer par un meilleur. Concluez de tous ces principes, qu'un Roi hé-

çais de toutes les classes, que la valeur, le zèle et l'instruction doivent vous opposer !

Actuellement que le mal vous est connu, en continuant de rétorquer contre vos adversaires les raisonnemens qu'ils présenteront un jour comme l'excuse de leur imprudence, établissons le remède sur les idées avouées de tous les écrivains dont le patriotisme est aussi humain qu'éclairé. Non, dignes Electeurs, *le Courrier, le Globe, le Constitutionnel* ne vous ont pas présenté une égalité chimérique et même injuste; ils ne vous ont pas dit qu'il fallait employer « le pouvoir que vous tenez » de la Charte pour fonder la répu- » blique; » que « les magistrats, hors » de leurs fonctions, » ne méritaient pas plus d'égards que les autres citoyens; que les hommes les plus *bornés* pouvaient choisir leurs représentans; qu'un peuple était toujours libre de changer son gouvernement: qu'une chambre héréditaire était indigne d'un peuple philosophe; ils se seraient rendus coupables de cette faute que vous leur auriez crié, avec autant de raison et de jugement que de zèle pour vos institutions, sans lesquelles vous n'auriez plus de liberté : la Charte, la Charte, seul gage de la sécurité du monarque et des citoyens.

Mais ils vous ont dit, et agréez que je vous dise avec eux et pour eux, et puissent mes paroles s'imprimer « en caractères de feu » dans l'âme de chacun d'entre vous ! Que les lumières de la vraie philosophie,

réditaire, une Chambre héréditaire, dès titres héréditaires, sont des institutions surannées, entachées de féodalité et indignes d'un peuple éclairé par les lumières de la philosophie ; et ces mêmes hommes, suspendus à votre bouche, vous écouteront avec ravissement ; vos paroles feront descendre dans leurs âmes les plus ravissantes illusions, elles y imprimeront, en caractères de feu, l'espérance de la république, et ils emploieront à l'établir, tout le pouvoir que la Charte a remis entre leurs mains.

sœur de la religion chrétienne, admettaient, avec elle, ces distinctions sociales pour condition du bonheur des sociétés et de la stabilité du gouvernement et des institutions ; que le Roi, qui en est le chef et l'âme, était une personne sacrée qui ne pouvait errer, quoiqu'on puisse le tromper, au-dessus de tout soupçon, de partialité et d'injustice ; qu'il méritait toujours notre amour et nos respects ; qu'il n'y avait qu'une prompte soumission à ses ordonnances, conformes aux lois, qui pût nous livrer aux seules illusions ravissantes que nos institutions nous permettent, celles de l'assurance de voir se développer, à l'ombre tutélaire de la Charte, toutes les espérances qu'elle a fait concevoir. Mais ils disent aussi que les magistrats et tous les agens du pouvoir ne peuvent ni ne doivent exiger de nous obéissance et soumission à des résolutions contraires aux lois et à la justice ; qu'en leur témoignant de la déférence et des égards dans toutes les occasions, on n'est pas tenu de les approuver lorsqu'ils s'écartent de leurs devoirs ; et que le Roi lui-même approuverait les nouveaux Guillaume-Tell qui ne voudraient pas se découvrir devant le chapeau d'un homme indigne de le servir ; que, dans cette affligeante hypothèse, un généreux dédain serait utile à la cause publique, qui doit être l'unique pensée et comme l'*âme* et le *dieu* de tous les Français dévoués à Sa Majesté et à leur pays.

Ils vous disent encore que vous devez vous opposer, de toutes vos forces, à l'envahissement d'une aristocratie autre que celle que la Charte a établie, et que si le ministère lui-même travaille dans de semblables intérêts, opposés à ceux du Roi et de la France, l'occasion est alors aussi belle qu'opportune de vous servir du pouvoir octroyé pour votre salut et celui de la monarchie.

Les dispositions antimonarchiques des Elec-

C'est en vertu de ce pouvoir que vous répondrez dignement à l'appel

teurs, sont aujourd'hui universellement avouées. Interrogez les hommes de bonne foi, les doctrinaires, les ministres, tous sont d'accord sur ce point. On se rappelle encore les aveux audacieux des doctrinaires, que j'ai cités dans le chapitre premier. Les ministres, de leur côté, n'ont pas moins énoncé clairement leur opinion sur la nature des sentimens qu'ils savent dominer dans les colléges électoraux; quelle preuve plus éclatante pouvaient-ils donner à la France et au Roi, des alarmes que ces sentimens leur inspirent, que les exclusions auxquelles ils ont voulu soumettre les deux tiers des Elec-

de Sa Majesté, en lui prouvant par le choix de députés, fidèles à la Charte et à l'honneur Français, que vos dispositions ne sont pas, comme le suppose M. Cottu, antimonarchiques ni révolutionnaires. Il revient sur les aveux audacieux qu'il a cités; je vous prie de vous rappeler aussi la réponse que je lui ai faite à ce sujet. Il peut se méprendre sur le but du ministère dont il indique l'opinion; mais nous qui n'avons aucune prévention, nous ne devons juger que sur des faits et non sur des discours plus ou moins éloquens. Ne quittons pas le cercle que tous nos défenseurs nous ont tracé: le Roi, marchant, à l'aide de la Charte, dans la nouvelle carrière du bonheur général, et recueillant la gloire et les bénédictions sur son passage. Surtout, loyaux Electeurs, n'oubliez pas que cette gloire et ces bénédictions ont été offertes au ministère actuel et au précédent, et que celui-ci n'a pas eu assez d'énergie pour suivre l'intention qu'il avait montrée de les obtenir, et que celui-là les a rejetées.

teurs, par leur dernier projet de loi sur l'organisation des conseils-généraux de département? En vain ont-ils, dans cette occasion, par l'organe de M. Martignac, hautement protesté de leur entière confiance dans les Electeurs; leur cœur, non moins que leurs actes, démentaient positivement leurs paroles; et dans leurs respectueuses déclarations, il n'est personne qui ait vu autre chose qu'un pur langage de tribune, commandé pas leur situation.

Si l'on pouvait conserver encore quelques doutes sur la profonde conviction où sont à la fois

Je ne crois pas, avec M. le Conseiller, que les anciens ministres aient partagé *sa conviction,* au sujet de la loi des élections: ce que nous

les ministres et les révolutionnaires, que la loi des élections doit entraîner inévitablement la ruine de la monarchie. Que l'on examine avec quelqu'attention ce qui se passe sous nos yeux : que voyons-nous? d'une part, un ministère qui ne peut parvenir à se former une majorité dans la Chambre, et qui se voit en butte à l'animosité des deux partis qui la divisent; et de l'autre, une Chambre qui ne peut parvenir à former un ministère. Une pareille situation est-elle naturelle? et ne devrait-elle pas finir par la dissolution de la Chambre?

— Cependant le ministère ne peut se décider à une pareille mesure; et il aime mieux voir son influence diminuer chaque jour, que de conseiller à la couronne d'en appeler à de nouvelles élections. Pourquoi cette patience si extraordinaire au milieu de tant de difficultés et d'outrages? c'est que les ministres sont intimement convaincus, qu'aujourd'hui

avons vu et entendu nous a, au contraire, démontré qu'ils connaissaient le besoin que la France avait du calme et de la certitude d'un meilleur avenir, et qu'ils avaient conçu le dessein, à la fois louable et naturel, d'affermir nos institutions, mais que contrariés et même menacés par des hommes puissans qui leur en prescrivaient le sacrifice; ils n'ont pas osé combattre de front leurs injustes prétentions, et ils n'ont pas cru devoir, en dissolvant la Chambre, la punir d'une opposition aussi juste que conforme à leurs secrets sentimens. Avec une telle irrésolution, ils ne pouvaient espérer de franche adhésion d'aucun côté de la Chambre. S'ils avaient employé les moyens que je leur avais soumis et qu'ils avaient accueillis : j'en atteste nos mandataires fidèles et dévoués, le nombre 221 aurait été dépassé pour notre soutien et notre consolation.

Ce que je viens de dire s'applique à cette nouvelle accusation sur l'intention de rétablir la république; et j'espère que, si la loi, contre laquelle on s'élève, *est livrée à toute son action*, dans l'occasion solennelle et décisive qui se présente, elle ne produira qu'une *chambre traitable, décidée à ne braver* que les ennemis du Roi et du pays, s'il s'en présentait; qui *marchera tête levée* à l'affermissement du trône et des libertés publiques qui, attaquées aujourd'hui par leurs communs adversaires, doivent se défendre mutuellement.

que la loi des élections est livrée à toute son action, elle ne peut plus produire qu'une chambre intraitable, décidée à tout braver, et qui marchera, tête levée, à l'établissement de la république.

De leur côté, les révolutionnaires qui ont préparé toutes leurs machines pour renverser la royauté, et qui se sentent les maîtres absolus des colléges électoraux, appellent à grands cris la dissolution de la chambre. Ainsi que je l'ai dit, dans ma dernière brochure, sur le plan du parti révolutionnaire pour la session de 1829 : « Ils ont pesé leurs forces dans la chambre actuelle, et les ont trouvées trop légères pour être employées à des mesures décisives contre la royauté. Les chefs qui les dirigent sont déjà usés et émoussés en tous sens ; ils ont vieilli dans les habitudes de temporisation qui ne conviennent plus à la puissance du parti. *Les élus mêmes de 1827 sont en arrière de ses espérances et des progrès des évènemens.* Il faut aux révolutionnaires une autre chambre..... il leur faut des haines plus

Il m'est impossible de partager les opinions de M. Cottu ; et je lui demande de nouveau pardon, si je m'élève contre elles de la manière la plus formelle. Nos électeurs, qui ont tant souffert des révolutions, et qui ont tout fait pour les prévenir, ne sauraient être des *révolutionnaires* : ce mot, sans doute, échappé à la prévention, est déjà *bien fort* ; mais ce qui l'est trop, c'est qu'un conseiller d'une Cour royale veuille absolument prouver qu'ils sont disposés à obéir à leurs *maîtres*, en les aidant à *renverser la royauté*. Je proteste, autant qu'un simple citoyen peut le faire, contre une semblable assertion, que je m'abstiens de qualifier. Il est libre de faire paraître des *brochures* ; il ne devrait pas l'être d'accuser ainsi ses concitoyens ; et une bonne preuve, entre beaucoup d'autres, de l'injustice de ses accusations, tant à l'égard des électeurs que des généreux écrivains qui les consolent en les instruisant, c'est que ceux-ci leur ont donné le sage conseil de renommer leurs dignes députés ; et que ceux-là sont disposés à remplir ce que je puis appeler un devoir devant le dévouement des *deux cent vingt-et-un*. Avec cette résolution, aujourd'hui bien connue, que deviennent les haines remplies *de sève*, les hommes *d'exécution*, l'épouvante, l'agitation, le désordre? Je ne vois, dans cette

jeunes et plus remplies de sève; moins d'orateurs et plus d'hommes d'exécution; ils leur faut, enfin, quelque chose qui répande l'épouvante dans le gouvernement, l'hésitation dans les conseils et le désordre dans la nation.

Comment donc ne pas frémir, quand on pense que c'est à des colléges électoraux, dont tout le monde s'accorde à reconnaître les dispositions hostiles contre la royauté, qu'est confié le sort de la monarchie? Comment se laisser tellement subjuguer par l'empire du moment présent, qu'on devienne insensible aux dangers les plus évidens de l'avenir! comment nier des conséquences que la nature des choses rend inévitables? comment, enfin se montrer rassuré sur la stabilité du trône, lorsque les vents nous portent déjà les mugissemens du volcan, et que la terre commence à trembler sous nos pieds?

On n'imaginerait pas jusqu'où va, dans leur manière d'entendre le gouvernement représentatif, l'extravagance et la naïveté des doctrinaires. Suivant eux, le gouvernement représentatif n'étant et ne devant être que l'expression journalière de l'opinion publique, le Roi devrait toujours être attentif à épier les projets et les vœux de

accumulation des idées les plus effrayantes, que l'effet, aussi triste que naturel, du *cauchemar* de M. Cottu.

Aussi, si je frémis de quelque chose, c'est de le voir accumuler également tous les matériaux du volcan politique, dans la crainte que ces *mugissemens*, joints au bruit des vents *révolutionnaires*, ne lui laissent aucun moment de repos; et que l'idée d'une terre prête à l'engloutir ne le trouble de manière qu'il ne puisse pas jouir de l'affermissement du trône, et de la satisfaction de son pays, l'un et l'autre rassurés par les *pacifiques* dispositions des électeurs.

Je ne vois point, dans cet alinéa, de guillemets qui puissent m'embarrasser au sujet de cette extravagance, qui se trouve singulièrement placée à côté de la naïveté, il me semble qu'il est contraire à la dignité d'un conseiller de poursuivre ainsi des hommes dont on a reconnu l'extravagance, surtout quand elle est compensée par la *naïveté*. Mais on n'extravague point quand on émet le vœu que, sinon le Roi, du moins ses conseillers, soient attentifs aux progrès de l'opinion publique, non pas pour lui sacrifier la couronne et ses pré-

cette opinion, et toujours prêt aussi à lui faire le sacrifice successif de ses plus importantes prérogatives, sans en excepter même celui de sa couronne, s'il arrivait qu'un jour, plus éclairée sur ses droits et plus jalouse de sa liberté, la France jugeât ce dernier sacrifice nécessaire à son bonheur.

rogatives, mais, au contraire, pour conserver l'une et les autres ; puisque cette opinion en France ne veut d'autre *liberté* que celle qu'elle attend de la sagesse de son Roi, d'autre *bonheur* que celui qu'elle espère partager avec lui.

Eh ! qui apprendrait au Roi, insensés que vous êtes, que la France ne veut plus de la royauté ? seraient-ce les déclarations de quelques factieux ? seraient-ce le choix hostile d'une masse d'électeurs dont la raison est corrompue par la haine et par la vanité ? seraient-ce les vœux du Courrier et du Constitutionnel ! non, ce n'est pas par des sophismes plus ou moins spécieux, ce n'est pas par des cris de révolte, c'est seulement par de longs combats et par d'irréparables revers, qu'il est permis à un Roi de se laisser enfin persuader que l'amour de son peuple s'est retiré de lui. Jusque-là, et tant qu'il reste dans ses Etats un bataillon fidèle, il doit croire que la fortune lui tient aussi en réserve quelque bataille d'Arques ou d'Ivry.

Eh ! quels sont les révolutionnaires qui, n'osant pas manifester leur perfidie, vous ont engagé à soutenir *que la France ne veut plus de la royauté ?* Ah ! M. Cottu, l'honneur que la France vous a fait d'être alarmée de vous rencontrer dans les rangs de ses plus redoutables adversaires, le vœu si naturel qu'elle a émis de vous voir délaisser la cause odieuse des ennemis des peuples et des Rois, pour ne vous occuper que de la justice que vos lumières peuvent activer ; ce sentiment secret qui fait hésiter l'homme de bien à inquiéter tous ses semblables en les accusant, sans cesse, pour leur faire entrevoir une punition que non méritée dans les horreurs de la guerre civile ; ces larmes que vous devriez verser sur vous-même, si vous ne voulez que nous mystifier, sur la patrie, si vous vous élevez consciencieusement contre elle, vous disent, encore plus que ma faible voix, combien il est malheureux que votre mémoire ait mis en réserve quelque bataille *d'Arques* ou *d'Ivry.*

Tout gouvernement

Notre adversaire est tellement

établi, par cela seul qu'il est établi, est censé l'expression de la volonté nationale, et lorsqu'il défend son autorité, il ne fait que défendre l'autorité du peuple, attaquée dans sa plus importante prérogative, celle de jouir paisiblement des bienfaits de ses institutions. Derrière ces révolutionnaires si impatiens de bouleversement, derrière ces doctrinaires si ridicules de bienveillance et de crédulité, et ces électeurs si sottement engoués d'une égalité impossible, s'élève la nation française qui veut encore la monarchie, et dont tous les intérêts se réunissent dans l'affermissement du pouvoir royal.

Ce pouvoir est attaqué aujourd'hui avec une violence qui exige la répression la plus active et la plus énergique. Il est attaqué à la fois dans l'aristocratie qu'il a créée et sur laquelle il s'appuie, dans son droit d'administration, qui fait toute sa force et toute sa sûreté,

préoccupé de sa cause, qu'il la défend avec les moyens de ceux qu'il appelle doctrinaires extravagans et naïfs. Ici, il ne s'aperçoit pas qu'il professe une hérésie, eu égard à ses idées de légitimité et d'infaillibilité. Doctrinaires; hâtez-vous de joindre à votre répertoire, cette maxime si rassurante, si commode pour tous les révolutionnaires que, *par cela seul* qu'un gouvernement est établi, ceux qui le défendent suivent la volonté *nationale*, ils étaient donc bien naïfs tous ces révolutionnaires qui saluaient l'aurore de la restauration; et cet homme, l'étonnement de son siècle, qui laissait abaisser, devant elle, des drapeaux qui ne pouvaient que trop lui indiquer la réserve de beaucoup de journées fatales pour notre pays....

Mais, M. Cottu nous permet enfin de respirer un peu. Admirons, avec lui, la nation française qui s'élève pour affermir le pouvoir royal. Qu'aurait-il à craindre? un mouvement aussi majestueux qu'unanime ne doit-il pas atterer tous les ridicules doctrinaires et tous les sots électeurs?

Hélas! je vois bien que j'étais moi-même assez naïf pour attendre quelque calme et quelque loisir de la déclaration positive de notre antagoniste. Le voilà qui remonte sur son cheval de bataille, décidé à pourfendre les géants révolutionnaires qui pressent tellement la royauté, qu'elle n'a plus de temps à perdre; la violence de ses ennemis exige des mesures violentes. La lutte va s'ouvrir, que dis-je? elle est ouverte:

et enfin dans ses prérogatives les plus positives, que l'on dénonce *à la justice du peuple*, comme on lui dénonçait, en 1792, le droit de *veto*, accordé au Roi par la constitution. La royauté n'a plus de temps à perdre : il faut qu'elle songe à se mettre en défense ; et elle ne pourra sortir victorieuse de la lutte qui va s'ouvrir, qu'en raffermissant l'aristocratie qui tombe en ruines de toutes parts ; qu'en retournant fortement entre ses mains la puissance administrative que les factieux s'efforcent de lui enlever ; et qu'en se hâtant, surtout, de substituer à la loi actuelle des élections, un systême électoral qui soit en harmonie avec les privilèges héréditaires conservés par la Charte.

les Rois de l'Europe n'ont plus qu'à se presser pour sauver cette royauté, dont on dénonce les prérogatives les plus positives à la justice des peuples. Je le demande à tous les Français en qui les passions, que j'ai dû signaler, n'ont pas éteint les lumières de la raison et l'amour de la patrie, si on voulait rédiger un manifeste pour renouveler une coalition, et, avec elle, les malheurs de notre pays, pourrait-on employer des expressions plus fortes, plus pressantes pour les attirer promptement sur lui. Quand des auteurs que la jeunesse, et conséquemment l'inexpérience expose à des erreurs, et même à des fautes, elles sont en quelque sorte excusables, surtout si l'on considère que la position sociale des délinquans les rend moins dangereuses pour la société ; et cependant on croit devoir les punir sévèrement. Pour celles-ci, l'expérience de M. Cottu, le rang qu'il occupe.... mais j'ai dit que je l'attendais à repentance : je ne veux point aggraver la peine intérieure qu'il s'est préparée en médisant de ses frères, et en les exposant, par un zèle aussi aveugle qu'outré, à une nouvelle révolution et à tous ses excès : je le prie de porter souvent les

yeux sur l'image du Sauveur du monde qui, dans le sanctuaire de la justice, est toujours là pour rappeler à l'humanité, qu'on doit écouter dans beaucoup de causes, et à la charité qui peut attacher les Rois aux peuples, et les peuples aux Rois, par un lien indissoluble : elle lui fournit la réponse aux questions suivantes, qu'il a lui-même soulevées, ou plutôt en lui donnant le regret de les avoir volontiers présentées, elle lui inspirera la noble résolution de racheter ses erreurs par un ouvrage utile et consolant pour la France. Si la réserve des batailles d'Arques et d'Ivry, et le nunc Reges intelligite, ne doivent être regardés que comme des figures de rhétorique, admirablement placées, pour prouver l'érudition de M. Cottu, ou comme ce grandiose que les hommes de lettres, ainsi que les artistes, ont toujours en réserve pour émouvoir et frapper à la fois les esprits, qui pourra, en France, donner la victoire à la royauté? qui raffermira une aristocratie qui s'écroule de toutes parts? qui retiendra fortement la puissance administrative? qui mettra en harmonie avec la Charte un nouveau système électoral, quand on a été assez malheureux pour écrire qu'on ne voyait, dans cette France, à qui toutes les nations décernent la palme de la gloire et du génie, qu'une foule de factieux doctrinaires, de sectaires ambitieux de tout détruire, une masse d'électeurs en état d'hostilité contre la couronne et une multitude effroyable de démagogues hideux qui, dans leur affreux enthousiasme, laissent à peine le temps de se mettre en défense?.....

DE LA PROCLAMATION ROYALE.

La bonté paternelle et la tendre sollicitude du Roi qui y sont exprimées d'une manière consolante pour le présent et rassurante pour l'avenir, font un contraste si flatteur avec les violentes accusations de nos adversaires, que j'ai pensé que Messieurs les Électeurs me sauraient gré de l'idée qui m'est venue d'appeler ici leur attention sur les espérances que nous pouvons en concevoir, et sur les nouvelles doléances respectueuses qu'elles m'ont porté à faire dans l'intérêt *de la cause publique*, ne fût-ce que pour les distraire des sentimens pénibles qu'ils doivent avoir éprouvés à l'examen approfondi des moyens de *celle* de ses antagonistes.

PROCLAMATION DU ROI.

CHARLES, par la grâce de Dieu, Roi de France et de Navarre,

A tous ceux qui ces présentes verront, salut.

FRANÇAIS,

La dernière Chambre des députés a méconnu mes intentions. J'avais droit de compter sur son

RÉPONSE

D'un de ses enfans soumis et sujets fidèles,

A Sa Majesté le Roi de France et de Navarre,

SIRE,

Profondément ému et touché de la sollicitude de Votre Majesté pour son peuple, dont elle se déclare de nouveau le père, et animé de cet amour filial et de cette crainte res-

concours pour faire le bien que je méditais; elle me l'a refusé. Comme père de mon peuple, mon cœur s'en est affligé; comme Roi, j'en ai été offensé : j'ai prononcé la dissolution de cette Chambre. Français! votre prospérité fait ma gloire; votre bonheur est le mien. Au moment où les colléges électoraux vont s'ouvrir sur tous les points de mon royaume, vous écouterez la voix de votre Roi.

Maintenir la Charte constitutionnelle, et les institutions qu'elle a fondées, a été et sera toujours le but de mes efforts.

Mais pour atteindre ce but, je dois exercer librement et faire respecter les droits sacrés qui sont l'apanage de ma couronne.

C'est en eux qu'est la garantie du repos public et de vos libertés. La nature du gouvernement serait altérée, si de coupables atteintes affaiblissaient mes prérogatives, et je trahirais mes ser-

pectueuse que tous ses enfans lui doivent, je la supplie très-humblement de me permettre d'avoir l'honneur de lui exposer que le bien qu'elle *méditait* a été malheureusement retardé par la dissolution même de la Chambre, dont la majorité, représentée comme *factieuse* à Votre Majesté, ne voulait que sa gloire et son bonheur, ce dont ses enfans sont intimement convaincus, puisque leurs dispositions annoncent qu'ils *écouteront la voix de leur père*, en renouvellant leur mandat envers cette majorité fidèle.

Les vrais serviteurs de Votre Majesté voient, dans ce renouvellement, le salut de la Charte et de ses institutions, sans lesquelles les droits, *l'apanage de la couronne*, qu'ils regardent aussi comme *sacrés*, pourraient devenir la proie d'une ambition étrangère aux intérêts de Votre Majesté et à ceux de son peuple.

Le repos public et nos libertés, Sire, n'ont aujourd'hui d'autre garantie que le cœur de Votre Majesté, qui soutient l'assaut que lui livrent, chaque jour, les passions que cette ambition a soulevées : elles seraient capables de tout *altérer*, si votre sagesse et votre bonté naturelles, plus encore que vos sermens, ne se réservaient la douce prérogative de les repousser, pour vous tourner entièrement vers ce peuple dont elles s'efforcent de vous séparer.

Je vous en supplie, Sire, pardonnez à un de vos enfans les plus dévoués : Votre Majesté est toujours

mens si je les souffrais.

A l'abri de ce gouvernement. la France est devenue florissante et libre : elle lui doit ses franchises, son crédit et son industrie. La France n'a rien à envier aux autres états, et ne peut aspirer qu'à la conservation des avantages dont elle jouit.

Rassurez-vous donc sur vos droits ; je les confonds avec les miens et les protégerai avec une égale sollicitude.

Ne vous laissez pas égarer par le langage insidieux des ennemis de votre repos : repoussez d'indignes soupçons et de fausses craintes, qui ébranleraient la confiance publique et pourraient exciter de graves désordres. Les desseins de ceux qui propagent ces craintes, échoueront, quels qu'ils soient. devant mon immuable résolution. Votre sécurité, vos intérêts ne seront pas plus compromis que vos libertés. Je veille sur les uns comme sur les autres.

Électeurs, hâtez-vous

bonne, sensible, compatissante, mais votre France est bien déchue de son état de splendeur et de liberté. On dit à Votre Majesté qu'elle est libre, et en lui dictant ses choix, on la menace d'une intervention étrangère, si elle n'obéit pas aux injonctions. Son crédit, que quelques conseillers représentent comme assuré, s'altère chaque jour ; et son industrie est paralysée par leurs mesures imprudentes et même violentes, triste et malheureux contraste avec les sentimens paternels de Votre Majesté.

Sire, ils ne connaissent donc pas sa situation, ceux qui vous disent que la France est ou doit être satisfaite : la vérité est qu'elle ne jouit pas des avantages que la *nature du gouvernement* lui présente ; et c'est pour moi un devoir sacré de le répéter. Dans la position où on l'a réduite, une seule idée la rassure, celle qui ne lui laisse pas perdre de vue la sollicitude de Votre Majesté.

Les ennemis de son repos sont aussi les ennemis du repos de son Roi. *Le langage insidieux*, c'est le leur. Vos serviteurs, Sire, sont francs et sincères : les craintes qu'ils partagent généralement, ont été excitées par ceux mêmes qui les accusent de les avoir répandues : les *indignes soupçons* sont leur ouvrage, comme les désordres en sont les suites. Votre peuple se confie en Votre Majeté, pour les voir cesser.

Elle daigne l'assurer qu'elle veille pour sa sécurité et la défense de ses droits. Il était, d'avance, certain de cette généreuse résolution, et il s'en

de vous rendre dans vos colléges. Qu'une négligence répréhensible ne les prive pas de votre présence ; qu'un même sentiment vous anime, qu'un même drapeau vous rallie !

C'est votre Roi qui vous le demande ; c'est un père qui vous appelle.

Remplissez vos devoirs, je saurai remplir les miens.

Donné en notre château des Tuileries le treizième jour du mois de juin, de l'an de grâce mil huit cent trente, et de notre règne le sixième.

CHARLES.

Par le Roi,

Le Président du Conseil des Ministres,

Le prince de POLIGNAC.

montrera reconnaissant en nommant des députés également résolus de combattre les ennemis de Votre Majesté, qui sont les siens, quels qu'ils soient ; car il ne connaît entre un père et des enfans, qu'une idée qui doive être *immuable*, celle d'une sollicitude et d'un dévouement mutuels.

L'appel de Votre Majesté sera entendu, les électeurs ne montreront pas de négligence ; mais hélas ! le même drapeau ne les ralliera pas. Autour de l'un, s'agitent l'embarras, la défiance, les menaces ; l'autre ombrage grâcieusement la loyauté, la confiance, la franchise, la soumission éclairée : en s'attachant à celui-ci, votre peuple, Sire, fera son devoir. J'éprouve, avec lui, la crainte filiale que Votre Majesté ne puisse remplir le sien, sans avoir à combattre l'ambition que j'ai dû signaler. Alors Votre Majesté n'aura qu'à s'appuyer sur cette belle déclaration qui doit lui assurer la victoire sur tous *les soupçons, les craintes et les embarras :* « Français ! votre prospérité fait ma gloire ; votre bonheur est le mien. »

J'ai l'honneur d'être, avec le plus profond respect,

Sire,

De votre Majesté,

Le très-humble, très-obéissant et très-fidèle serviteur et sujet,

BOCQUET.

Paris, le 16 juin 1830.

SUPPLIQUE

A S. A. R. MONSEIGNEUR LE DAUPHIN,

AU SUJET DE LA PROCLAMATION ROYALE.

A SON ALTESSE ROYALE MONSEIGNEUR LE DAUPHIN.

MONSEIGNEUR,

Un des premiers avantages de la Charte constitutionnelle, c'est la confirmation du principe de l'hérédité, qui fait que le légitime héritier de la couronne ne saurait être étranger au bonheur du peuple qu'il est appelé à gouverner. C'est pourquoi j'ai la juste espérance que Votre Altesse Royale daignera agréer que je la conjure de peser dans sa sagesse, et avec une sollicitude semblable à celle de Sa Majesté le Roi, les difficultés de la circonstance actuelle.

Quelques étrangers ont fait une question du bonheur et du repos du Roi et de son peuple au sujet de *prérogatives* et de *droits*; ils ont eu l'adresse d'amener cette question au point qu'ils ont envisagé, depuis long-temps, celui d'en faire dépendre la solution du désordre dont ils espèrent avoir tout le profit.

Le maudit art de dissimuler et de répandre des alarmes pour arriver à ses fins, a rendu notre position si critique, qu'elle serait volontiers désespérée pour un autre monarque que Charles X, et pour d'autres sujets que ses Français. Du côté de Sa Majesté, la résolution la plus funeste, c'est celle que sa proclamation annonce de nouveau comme devant être *immuable*; du côté de ce peuple, ce serait la détermination de résister à la force dont on le menace sur tous les points et dans toutes les occasions. Car, Monseigneur, on ne peut plus le cacher; et ils seraient coupables tous ceux à qui le rang ou l'instruction, accompagnée du zèle, donne le droit de parler un langage d'amour et de raison, s'ils ne s'efforçaient pas de démontrer à Sa Majesté et à Votre Altesse Royale qu'une crise a été préparée par les ennemis de la gloire et de la félicité de la France; et qu'ils ont si adroitement mis dans leurs intérêts beaucoup de serviteurs du Roi, que ceux-ci aident, de leurs vœux et de leurs moyens, une catastrophe qui ne peut que leur devenir funeste.

Je suis persuadé que plusieurs d'entre eux ont participé à la rédaction de la proclamation royale. Dans leur prévention contre la majeure partie des Français, ils n'ont pas hésité à faire de Sa Majesté comme un destin dur et impitoyable : imprudens! qui, en engageant ainsi la parole royale, semblent engager, avec elle, leur moyen de salut devant la solution aussi dangereuse qu'inévitable de la question du bonheur ou du malheur de leur pays.

Cet instant si critique nous menace; dans quelques jours, il s'agira de détourner le danger ou d'y donner tête baissée, parce que quelques Français ont cru servir Sa Majesté, en la mettant dans l'alternative de paraître céder ou d'employer son pouvoir à détruire son propre bien. Je sais que, dans un aussi triste conflit entre un père et ses enfans, c'est au père à montrer l'exemple de la prudence et de la modération; mais je sais aussi qu'il est rare que des conseillers, puissans en crédit et en dignité, reviennent sur leur décision; et cette idée m'afflige d'autant plus qu'un généreux retour vers la bienveillance et la confiance, au défaut de l'abnégation de soi-même, est, pour le moment, l'unique moyen de sécurité et de conservation.

Dans une position aussi embarrassante, Votre Altesse Royale, qui n'a pris aucun engagement solennel au sujet de la question vitale, véritable pomme de discorde, peut, comme un médiateur aussi fidèle que désintéressé, lever bien des obstacles et calmer beaucoup d'inquiétudes, en représentant que des deux côtés, si on ne s'est pas créé des fantômes, on s'est effrayé de ceux qui ont été présentés : et qu'il ne s'agit que de montrer de la franchise et du zèle pour rapprocher les esprits et éviter tout le mal qu'occasionnerait nécessairement une désunion trop prolongée.

Ce mal ne serait pas à craindre, et toute la peine serait bientôt dissipée, si le conseil de Sa Majesté se déterminait à entrer de bonne grâce dans la carrière de l'amélioration, pendant le cours de la session prochaine, sans s'inquiéter de l'opinion qu'auraient précédemment manifestée les députés qui vont être choisis. L'opposition, de quelque côté qu'elle vînt, serait sans force devant l'évidence du bien; et nous aurions déjà éprouvé cette consolation avec le soulagement, si le ministère, au lieu de s'alarmer à l'apparition du fantôme : *Pas de lois, pas d'impôts*, lui avait opposé, comme une providence, la réalité des bonnes lois pour obtenir plus d'impôts.

J'ai préparé ce bien que le pays réclame avec d'autant plus de raison que Sa Majeté le lui a promis; et qu'il donnerait la pacifique et fructueuse solution de la question des priviléges et des droits, en affermissant et illustrant les uns et les autres. La franche adoption de mes moyeus de stabilité et de prospérité nous aurait épargné les pertes et les embarras qu'une année d'irrésolution n'a fait qu'augmenter, et particulièrement la destruction de plusieurs villages et la ruine de leurs habitans par l'effet des incendies. Les conseillers de la Couronne ont entre les mains des indications suffisantes pour qu'elles ne soient désormais ni fréquentes ni aussi désastreuses. En tâchant d'en tirer parti, sans troupes, sans chercher des moyens de répression, ils peuvent promptement renvoyer les incendiaires à leurs exécrables mandans, parce qu'ils ne pourront plus consumer des matières rendues réfractaires.

Dans la crainte que mes cachiers ne soient égarés ou peut-être détruits, je crois devoir joindre à cette requête un extrait du premier volume de l'ouvrage du *Bonheur-Omnibus*, en ce qui concerne un sujet si déplorable : Votre Altesse Royale s'empressera certainement de solliciter une ordonnance que la prévoyauce et l'humanité semblent demander ; et le Roi l'aura bientôt accordée, en suivant les nobles inspirations de son cœur.

Persuadé qu'avec ces moyens, on pent tout solidifier, en créant des ressources pour le présent et l'avenir, je supplie Votre Altesse Royale d'avoir la bonté de me permettre de lui adresser les quatre volumes, qui les contiennent, à mesure qu'ils paraîtront, comme à un juge équitable entre quelques conseillers de Sa Majesté, aidés ou approuvés par deux ou trois publicistes accusateurs du peuple, et l'immense majorité des Français fidèles, entre lesquels s'est toujours placé celui qui, entièrement dévoué à son Roi et à son pays, a l'honneur d'être, avec un profond respect,

MONSEIGNEUR,

De Votre Altesse Royale

Le très-humble et très-obéissant serviteur

BOCQUET.

Paris, le 17 juin 1830.

www.ingramcontent.com/pod-product-compliance
Lightning Source LLC
Chambersburg PA
CBHW051144050726
47594CB00003B/1240